迷いが吹っ切れ、
不安が消える本

前世は自分で診断できる

秋山眞人
布施泰和［協力］

河出書房新社

カバーCG◉agsandrew／Shutterstock
カバーデザイン◉スタジオ・ファム
地図・本文イラスト◉原田弘和

前世を知れば、いまの生き方も変わる——はじめに

神の欠片《ピース》としての我々

神は宇宙のどこにいるのかという神学的論争は、科学者、宗教家、芸術家らを巻き込んで、一〇〇〇年単位で繰り広げられてきました。

精神世界では、この世界は宇宙を一部として内包する超巨大な「意志」のなかにあると考えられることが多いようです。

頭上の宇宙でさえ、その意志のごくごく小さな一部で、「宇宙は大きい」などといっている人間そのものは、さらにそのなかでも小さな存在である銀河系、太陽系、そしてまた、さらに小さい地球というミクロの世界に存在している極小の粒だという見方です。

そのミクロの世界である地球の表面で、あれやこれやと周りとぶつかり合いながら迷い悩み、攻め合い、暮らしているのが私たちなのです。それが「人間」というものの現状かもしれません。

その一方で、精神世界で昔からいわれているのは、人間の存在は小さな「神のなかのウ

イルス」に思えるかもしれないが、「人間」は宇宙を内包する大きな意志の一部であって、その意志から枝分かれした存在なのだとする見方なのです。

たとえば、人間の脳は、その一部を眼球というカタチとして頭蓋骨《ずがいこつ》の外に突き出していると見ることもできます。創造主とも呼べる宇宙の意志が脳だとしたら、一つの眼球細胞が我々なのだと考えることができるわけです。

古くからいわれているところでは、宇宙創造主の欠片《ピース》だからこそ、我々は本来、神と直結した「自由自在体」であるとされてきました。

我々が自由自在であるということを忘れて、不自由不自在な物質世界のなかに選択して生まれたという実感をどこかに残しつつ誕生したと考えるわけです。

そう考えると、巨大な漏斗《じょうご》の口が開いていて、その先にごくごく小さな抜け穴があって、その穴を通って物質世界に出現したのが人間なのかもしれません。あまりにも小さい存在であるものの、その**我々が宇宙の意志あるいは創造主の一部なのかもしれないのです。だからこそ、時間や空間を超越して自由自在に生まれ変わるという輪廻転生《りんねてんしょう》を繰り返しているのかもしれません。**

「我らは不自由に意味と喜びを見つけようとして生まれた神の子としての自由体であ

る」——私はそんなふうにも感じるのです。

生まれ変わりを説明しきれない既存の宗教

人類の長い歴史のなかで、いつの時代にも新しい宗教が生まれ、それこそ無数の新興宗教群が歴史を彩ってきました。

それらの宗教の多くは、やはり我々は神の一部で、永遠の生命を持っていると説きます。しかし、永遠の生命があるからといって、いまの人生において修行はおろそかにできないし、ヘタすると前世なるものの様々な業《カルマ》を背負って生まれてくるかもしれない、というわけです。

業は、確かに「繰り返す」という習性を学んだ私たちの一部に確実に存在します。

よい事も悪い事も学習をしてしまうと、我々は常に繰り返そうとする性質があるのです。だから時代は繰り返し、戦争も繰り返し、歴史は繰り返し、喜びや解放感、悲しみや閉塞感《へいそくかん》も繰り返されます。

前世を知りたいということは、精神世界ではたいへん大きなテーマの一つです。

いままでにも前世を教えるという宗教家はたくさん現れました。来世をどうするかという論説もあります。

そうした書物や教義を数多く見てきましたが、それらが真理のすべてをわかりやすく丁寧に説いていないからこそ、我々はまだ不安を感じているのだと思います。

生まれ変わりの形態については、宗教によってかなり違っています。どの宗教も一応、「魂の永遠」は認めていることが多いようですが、生まれ変わりのシステムとなると、千差万別で、説いていることもバラバラです。

このバラバラの部分こそ、それぞれの宗教のドグマが生み出したものではないかといったら怒られるでしょうか。

伝統宗教のなかにそういったものがあるのだと捉えるのではなく、前世が具体的に我々の心にどう響いて、ピンとくるか、というものをしっかり追わないと、ますます混乱と不安の業《カルマ》に巻き込まれるでしょう。

あえて申し上げれば、「前世というものをしっかりと捉えられない」ということは、今《こん》世《せ》の「自分の心」や「自己像」を把握しきれないということでもあるので、常に不安感を持ち続けることになります。今世でどう生きたらいいのか、ということに対して、常に暗闇ということにつながるかもしれません。それだけはイヤですよね。

自分の力で前世を見つける

私も個人的な求道者として、人生に困っている人、精神的に不安感を持っている人のための直接の窓口を細々と持っています。

そのなかで最も多い問い掛けの一つに「私の天命は何なのでしょうか」があります。「私はどう生きるべきか」とよく聞かれます。

そういう質問者に「いままではどう考えてきたのですか」と問うと、「実は『前世がわかる』というういろいろな先生や霊能者、そしてチャネラーと称する人たちに聞いてみました。話には共通部分もありますが、みんないっていることがバラバラで、どれを信じたらいいかわからないのです」と答える人が多いのです。いろいろな前世の人生があったことがわかっても、納得できない、というわけです。

より迷いが生まれる前世リーディング（リーディングとは、霊的もしくは超常的な能力で通常では知り得ない事象を読み取ること）なら、受けないほうがましです。本来、より迷いが生まれるような前世像が出てくるはずがないのです。他人に頼り過ぎてはいけません。

多くの能力者はインチキではないが、説明能力が不足しているのです。

まず自分が自分の力で前世なるものを探して、「すなおに研究し、明確にする」ことが

とても大事なのです。素性のわからない不勉強な自称能力者に、何度自分の前世を聞いても、答えに至ることは到底難しいといわざるを得ません。

他人の前世を見る人たちを全否定するわけではありませんが、リーディングが不完全な場合が多いように見受けられます。私もその人の前世の墓を見つけたり、住んだ場所を見つけたりしたことは数えきれないほどありますが、私自身の能力者としての反省を含めて、どんな能力者でも不完全だと思っています。

だからこそ私も、いまだに自分の感覚を研《と》ぎ澄ますための研究や勉強を続けているわけです。

前世リーディングが失敗する理由

では、なぜ前世について「どれを信じたらいいのかわからない」ということになってしまうのでしょうか。

バラバラな答えが出てきてしまう理由の一つが、聞く人の「問いの問題」があります。だいたい直感的な能力を持っている霊能者や前世リーディングをする人、そしてチャネラーと呼ばれている人たちは、聞く人が持つ独特の先入観に影響を受けて、逆に誘導されてしまうことが間々《まま》あるからです。

聞く側の人が「わからないので見てください」といっていながら、実は自分のなかで「こうに違いない」とか「前世はすごい人間だったはずだ」あるいは「前世はどうしようもない人間だったに違いない。だからいまの人生は恵まれていないのだ」などという思い込みや先入観を持っていると、能力者にもその影響が出てしまいます。

能力者が、その願望や思い込みを読み取って、前世を語ってしまうことがあるのです。実はそういう注意喚起《かんき》の意味も、本書を書こうと思い立った理由の一つです。

本書の趣旨は、なるべく個人の方がそういった能力者を頼らずに、自分が歩んできた前世の道のりを、思い込みや先入観を排しながら、できるだけ正確に読み取っていくということにあります。前世を自分で明確化できる方法をご紹介することが、本書の目的です。

能力者に相談してみたいという方は、その方法を利用してある程度、「これなら納得ができる」と自分の前世についてのイメージが先入観をなくして把握できるようになってから、能力者に質問すればよいのです。そうすれば、バラバラの前世像によって混乱したり、自分の天命に迷ったりしなくて済むようになるはずです。

前世がわかれば未来世にも活かせる

自分の力で、ある程度明確な自分の前世像を把握できるようになれば、自分の天命がわかるようになっています。自分の天命を知れば、怖いものなどなくなります。天命を知らないことによって生じる迷いがなくなれば、一切の不安や悩みからも解放されるのです。

従って本書で提示する前世を探す方法は、あくまでも自分で探すことを主眼に置いた、ある程度客観的な方法論です。そのために活躍するのは、服装とか鉱石とか嗜好性《しこうせい》といった素材ファクターです。

本書では、これらの前世ファクターを分けて、どういうパワーストーンに愛着を感じる人はどういう前世であった可能性があるかとか、どういう服飾に惹《ひ》かれる人はどういう前世とかかわりがあるのか、どういう時代や古代遺跡に親近感を覚える人がどういう前世を送った可能性があるのか、などを明らかにしたいと思っています。

あるいはどういった神話やシンボルに感銘を受けるのかということを一章、一章、読みながら見出《みいだ》していくことによって、読者の皆さんの生まれ変わりの通路・経路、社会的な立場などをある程度詳《つまび》らかにできればと考えています。

不思議なことに、そうした探究に取り組み始めると、まるでバラバラだったパズルが一枚の絵のようにはっきりと認識できる瞬間がやってくるのです。

そして最終的には、その前世の記憶をどのように活かして、今世や未来世につなげていくかにも言及します。今世のあるべき未来も、次の未来世のあるべき姿も、前世を読み解くうちにはっきりと見えてくるものです。

私たちは、出会い、繰り返し、また出会い、その流転《るてん》のなかで幸せに気づくのです。

秋山眞人

第1章 「霊」「前世」「生まれ変わり」この三つの関係を知る

第2章 あなたの前世を探り当てる「10の手掛かり」

第3章 前世で体験したことを今世で、どう「活かす」か

第4章 「霊は肉体より次元が高い」という考えは危険

第5章 理想の「未来世」を今からデザインする

第1章

「霊」「前世」「生まれ変わり」この三つの関係を知る

霊とは何か——霊と前世の関係を知る

一般的に霊的な能力が発現すると、二つのことがわかってきます。一つは、一人の人間には、その肉体にかかわる膨大な先祖がいるということです。先祖たちの一部は、私たちの細胞のなかで、意志を持っていまも生きています。ですから、体のあちらこちらに「守護霊」や「先祖霊」として現れることがよくあります。通常は頭の上のオーラの光芒《こうぼう》の延長上に先祖霊・守護霊が見えたりします。

彼らは、自分の子孫を見守り、常に助けたいと考えています。そのなかには非常に古くて進化した霊もいて、多種多層の次元に同時に存在できる、神様に近い存在になっていることもわかってきます。宗教観によっては、これらを精霊、エンジェル、御使《みつか》い、如来《にょらい》、菩薩《ぼさつ》などと呼んでいる場合もあるようですね。

私たちは、そうした守護霊や先祖霊の影響を多大に受けて生きている存在なのです。

そしてもう一つは、人間の生というものは、一代限りではなく、流転《るてん》するのだということです。しかも、前世は必ずしも祖先と一致するとは限りません。むしろ、多くの場合、まったく人種も国籍も異なっています。そうした前世は、重なって見えることもありますが、守護霊や先祖霊とはまったく違うものです。この映像が見られれば、その人自身が生まれ変わってきた前世がわかるようになるのです。

つまり、霊的な能力によって「守護霊などの霊が存在すること」と、「人間が生まれ変わりの歴史を持つこと」もわかるのです。

守護霊や前世のほかにわかることもあります。物や場所に付着する物質に近い霊のようなエネルギーが見えるようになるのです。守護霊、前世、霊のようなエネルギー──この三つの霊的な存在が、実は生まれ変わりと密接にかかわっています。それを順次お話ししていきましょう。

生まれ変わりにかかわる三つの霊的な存在

前世なるものを探求するときに、自分の生まれ変わる「霊」というものの構造やシステムを正確に頭に入れておく必要があります。そうしないと、主観に偏《かたよ》った見方をしてしまうし、時に傲慢《ごうまん》な自分の自我の思い込みや感情に巻き込まれて、正確な前世像をつかむことができなくなります。

自我は、自分で考える以上に傲慢なものです。自分自身が自分自身の自我に振り回されることはよく起こります。人は、「前世では非常に偉い人だった」と思い込みがちです。「我こそは覚醒者《かくせいしゃ》である」と名乗る多くの宗教家が意外と短命だったり、家庭的に恵まれなかったり、人生で右往左往したりするのは、自我に振り回されていることを如実に示しています。「自分が前世では凄い人物だった」などと言いふらすこと自体、愚《ぐ》の骨頂《こっちょう》なのです。

本当の前世の記憶とは何か。それは霊の構造や仕組みとは何かを知ることでもあります。**我々の霊というものは、本質的には時間および空間に拘束されない自由自在体のことです。**このことをしっかり理解しておかなければなりません。

我々の本質は、肉体ではないし、病気になるようなやわな構造でもないし、未来に希望を失うような、刹那《せつな》的な存在でもありません。

霊は、古字では「口」を三つ並べて「靈」と書くことからわかるように、三つの物が合体した存在です。そこには三つの情報の流れの交差点があるのです。別の言い方をすると、三つの情報力の、時間を超えた流入点なのです。

霊魂と霊魄はまったく違うもの

一つは、先祖から子孫へと向かう**「霊的な遺伝子の流れ」**です。これは現実的な肉体の遺伝子とは違います。遺伝子に刻まれる実際の情報の手前にある霊的な情報で、やはり先祖から子孫へと流れていく霊的な遺伝形質です。私には光る粒のように見えます。これこそ**「霊魂《れいこん》」**というものの本当の意味です。

英語の翻訳をした初期の人たちは、英語のスピリット（spirit）やソウル（soul）を霊魂と訳した時期がありました。そのため霊魂を単純に精霊や霊と同じものだと考える向きも出てきましたが、これは大きな間違いです。霊魂はあくまでも霊的な遺伝子なのです。私たちの細胞のなかに生きている守護霊や先祖霊がその仕組みを司っています。

「魂」という字の偏には「伝わる」という意味が込められていて、「目に見えないが、伝わっていくもの」ということを知っていた人が、この字をつくりました。日本の神道理論の基礎をつくった人たちは、こうした構造や仕組みをよく理解していたようです。

だいたいにおいて、この霊魂は隔世《かくせい》で子孫に入ります。たとえば、おばあちゃんが亡くなったときに、孫の男の子の誰かに再結集することがあります。その霊魂がブワーッと移動して、孫に再結集するときには、体が火照《ほて》って熱が出ます。俗にいう知恵熱とか、おじいちゃんおばあちゃんの葬式の前後に孫がカーッと熱を出すというのは、霊魂の結集が原因であることが多いのです。

私の実感としては、八割くらいが隔世で結集します。しかも、異性同士である場合がほとんどです。つまり、おばあちゃんの霊魂が男の子の孫に、おじいちゃんの霊魂が女の子の孫に結集します。ごく稀に親の霊魂が子どもに結集することもあります。

再結集した霊魂は、主にこの世での人との出会いに多大な影響を与えます。霊魂の側で、「こういう者に会わせよう」という合議があって、タイミングを演出して、キューピッドのように人と出会わせるわけです。

二つ目は、**「霊魄《れいはく》」**と呼ばれるものです。「魄」は「白」に「鬼」と書きますが、辞典には「死して残るもの」などと書かれています。しかし、これは死して残る白い骨だけを表わすのではなくて、最も物質寄りの霊的な素材のことを意味します。別の言葉でいうと、「精気」とか、西洋では「エクトプラズム」といっています。

「霊的」を「目に見えないもの」と定義すると説明が矛盾してしまいますが、物質化した霊体とも呼べるものです。より物質寄りになった霊的存在で、形を見ることができたり、触ったりすることができます。固まったり気化したりもします。

この「精気」なるものは、主に場所や空間、食べ物や物質素材に宿りながら様々な情報を伝えています。たとえば、この土地にはいい気が宿っているとか、邪気があるとか感じるのは、この「精気」によるところが大きいのです。

樹木を育てると、その樹木が育つのと並行して樹木の持ち主の状態が反映したりするのも、樹木に宿った魄が関係しています。逆に樹木を切った場合に、突然その持ち主に不調が訪れるのも、精気がもたらす情報の流れが止まってしまうからです。せっかく流れていた情報が遮断《しゃだん》されるわけですから、調子が悪くなるのは当たり前なのです。

俗にいう幽霊や地縛《じばく》霊も霊魄であることがほとんどです。ある一定の方向性・性質を持った物質に付着するエネルギーと言い換えることができるかもしれません。ですから霊魄は、人に憑依《ひょうい》することはできても、生まれ変わることはありません。

同じ性質が集まって、エネルギーが強くなることはあるかもしれませんが、それ自体が生まれ変わり、異なる人生を歩むことはありません。いつかは消え去る運命だと感じています。言い換えると、癖のないきれいな霊的素材に返っていくのです。

直霊こそが前世の〝体験者〟

そして最後に一番重要なのは、この霊魂と霊魄に支えられ、「靈」の頂点に受け継がれ君臨する**「直霊《ちょくれい》」**（「なおひ」とも読む）という存在です。これこそが、まさしく純粋な「神のしずく」といえるものです。人間が「神の分け御霊《みたま》」であると表現される部分であり、この部分の純度が高くなればなるほど、その深奥《しんおう》に進めば進むほど、時間と空間を超越した自由自在な存在となります。当然、時空間を超えた情報が直霊には畳み込まれています。

生まれ変わりとか前世の問題を指す場合には、この「直霊」がどういう状況で時空を超えて移動し、どういう霊魂や霊魄に受け止められて肉体を持って現れ、何を受け継いで子どもとして生まれてきたかを意味しています。

「直霊」は時間と空間を超越しているので、様々な場所に生まれ変わったり、様々な時間と空間の記憶を持っていたりします。実は、来世の記憶を「いま」持っている場合もあります。今現在までの所作が来世を決めているとすれば、決定づけられている来世もすでに直霊は知っています。どこの誰の家に生まれ変わるか、どういう魂と魄を器にして生まれ

直霊・霊魂・霊魄

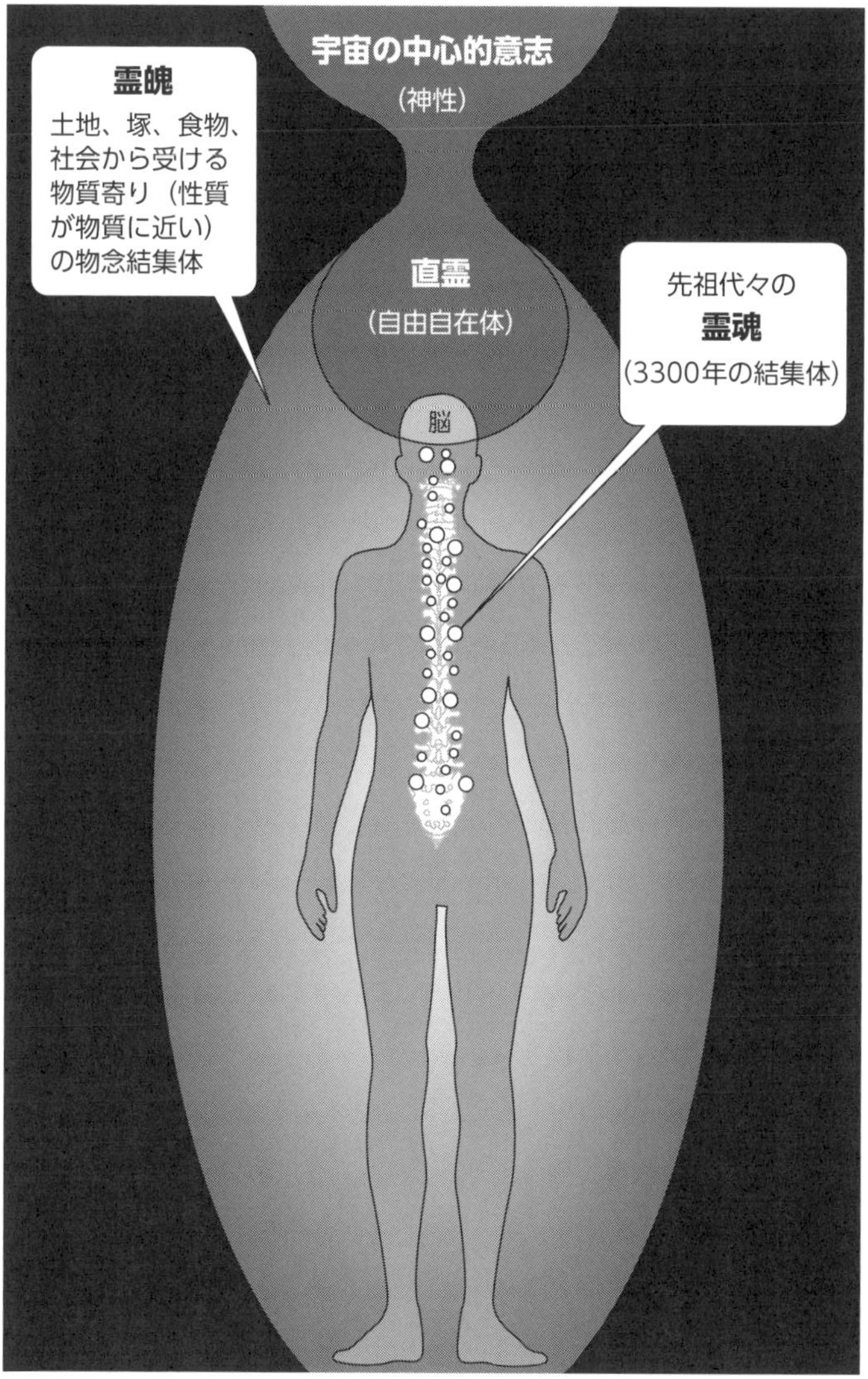
宇宙の中心的意志
（神性）
霊魄
土地、塚、食物、社会から受ける物質寄り（性質が物質に近い）の物念結集体
直霊
（自由自在体）
先祖代々の
霊魂
（3300年の結集体）
脳

変わるかも、霊的な能力を使って追いかければ、見極めることが可能となります。

直霊、霊魂、霊魄の関係を図にしてみましょう（図「直霊・霊魂・霊魄」参照）。

直霊は、宇宙の中心的意志である「神性」とつながっている「自由自在体」です。人の頭の脳の松果体《しょうかたい》を覆《おお》っているのが直霊であるわけです。本体は頭の上にあります。言い換えると、神様の指先のような先端が私たちであるともいえます。直霊は頭蓋骨《ずがいこつ》に宿ります。古代宗教が頭蓋骨を大事にするのは、直霊が宿った気配があるからです。頭蓋骨を収納するカタコンベ（古代の地下墓所）などがあるのはこのためです。

その直霊と先祖（霊魂）の接点が喉仏《のどぼとけ》です。喉仏の上の辺りから下に細かい丸を描いていますが、これが霊魂です。粒が先祖の霊魂の一つ一つです。

霊魂は、三三対の背骨にまとわりつくように存在します。一対に宿っているのはだいたい一〇〇年ごとの霊魂の結集体です。それが三三対あるので、三三〇〇年の先祖の結集体になるわけです。

背骨の下にいけばいくほど古い先祖の霊魂が宿っています。生きる根源の力が宿っているようなものです。喉仏に近い上のほうには新しい先祖の霊魂が宿っています。

最後に人間全体を覆うように存在しているのが、霊魄です。土地、塚、食物、社会から受ける物質寄りの物念の結集体です。当然、絶えず変化していきます。

霊魂と霊魄の情報は見分けにくい

前世像を見るとき、要はこの「直霊」がどういう情報を持っていたか、その情報と、直霊に付随する霊魂と霊魄の情報と混同していないか、を見極めなければならないのです。

私はかつて、ある人物の前世を透視したら、ロシアの日本寄りの海岸の風景が出てきたことがあります。最初「この人はロシアに住んでいたのか」と一瞬思いましたが、いろいろ話を聞くと、ロシアで採れたイクラを食べたばかりだということがわかりました。つまり、最初に見えたロシアの海岸の風景というのは、お腹のなかのイクラにまとわりついていた魄の情報だったわけです。

確かにロシアの情報は、直霊の情報としては最初から違和感がありました。不安定な映像でもあったので、そこからも魄の情報であるとわかりました。

別のケースでは、九州の霊的な情報が見えた人がやはり九州産の野菜を食べたばかりだったということもありました。これも魄の情報なわけです。

まとわりついた魄の情報というのは、うつろいやすく不安定です。具体的にどういう情報かというと、映像自体、天地が逆さまになったり、視点がぐるぐる変わったりします。映像自体が安定していないので、「あっ、これは魄の情報だ」とわかるのです。

霊魂の情報は見分けるのはさらに厄介です。日本のある種の霊魂情報には、大きな癖や偏りがあります。一つは、出雲《いずも》系か伊勢系かという大きな偏りです。

「伊勢派か、出雲派か」という問題

たとえば、伊勢神宮にいったときに非常に古いつながりを感じる人がいたかと思うと、出雲大社にいったときに非常に古いつながりを感じる人がいます。

当然、その中間である「どっちにいっても感じる」人たちもいるかと思えば、「どっちも何も感じない」という人たちもいるわけです。この四種類の人たちがいるわけですが、ちょっと霊的に覚醒した日本人のあいだでは「あなたは出雲派、それとも伊勢派?」という話題がよく会話にのぼります。実際、敏感だと、そういうふうに分けたくなってしまうのです。

どうしてそういうことが起こるかというと、日本の建国の歴史には、天津神《あまつかみ》（天孫系大和族《てんそんけいやまとぞく》）と国津神《くにつかみ》（出雲族）の対立の構造があったからです。

ご存じのように、先に日本を統治していた出雲族は、天孫系大和族の武力に屈して敗走、諏訪湖《すわこ》に封じられたことが日本神話に出てきます。これが大国主命《おおくにぬしのみこと》をご祭神とする出雲大社をもつ出雲派と、天照大神《あまてらすおおみかみ》をご祭神とする伊勢神宮をもつ伊勢派の対立です。

この対立の背景には、元々のルーツの違いがあります。神素戔嗚《すさのお》（スサノオ）を長とする出雲族は、元々はルーツをインドに置くグループでした。出雲という音はインディアの転訛《てんか》であると私は見ています。

これに対して天照大神（アマテラス）を祭主とする天孫族は、天を「あま」と読むことからわかるように、東南アジアにルーツを置く南方系の海人族《あまぞく》です。だから天族《あまぞく》、天孫族というのです。九州を拠点にしていましたから、日向族《ひむかぞく》ともいいます。

東南アジアや南方にルーツを持つアマテラスの大和族と、インドからヒマラヤ山脈にかけてのルーツを持つスサノオの出雲族、それにモンゴルの草原地帯にルーツを持つ月読神（ツクヨミ）を長とする月読族が、日本の成り立ちに関係していたのです。日本神話には、イザナギが禊《みそぎ》をすると、左目からアマテラス、右目からツクヨミ、鼻からスサノオが生ま

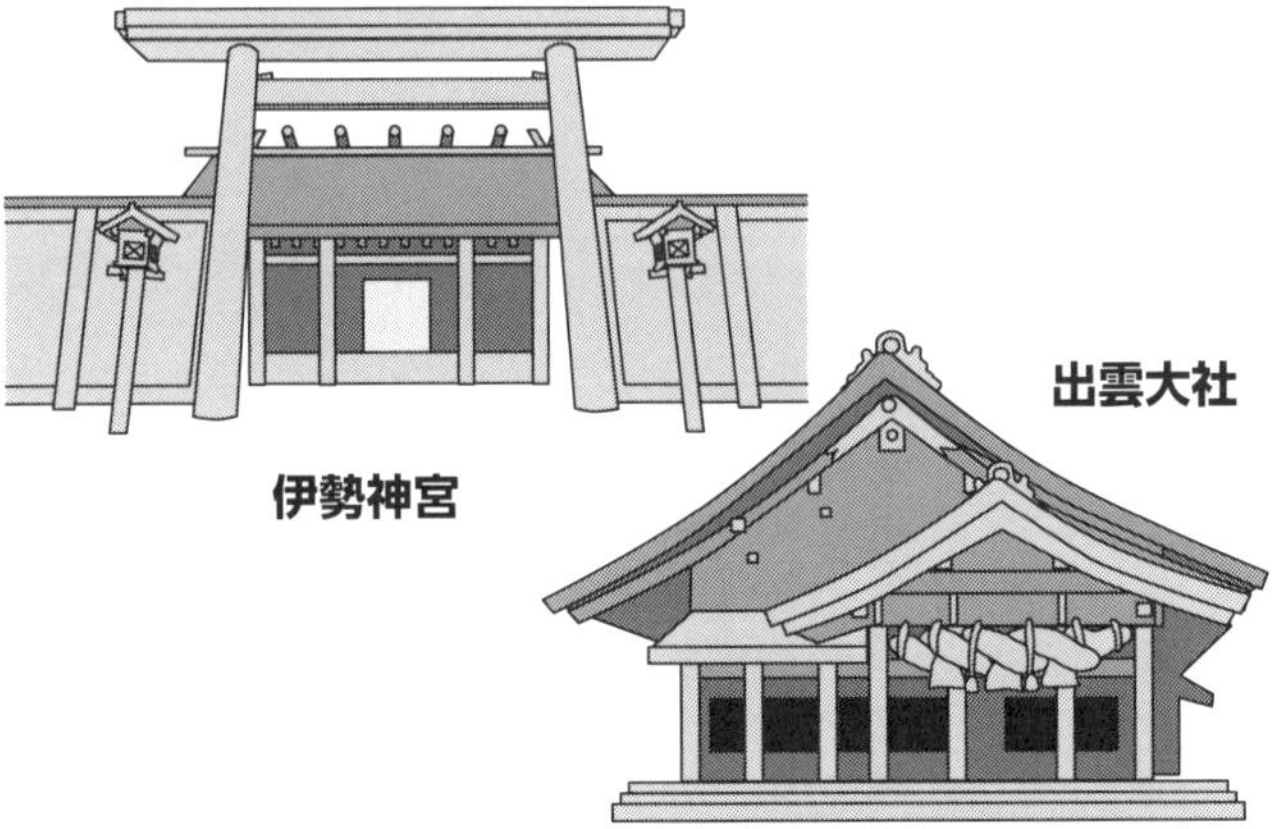

伊勢神宮と出雲大社のどちらにインスピレーションを感じるだろうか？

れ出たことになっていますが、それぞれのルーツと渡来経路の違いを表わしています。

ですから当然、それぞれの一族によって信奉する神様が違っていたわけです。海洋信仰があるかと思えば、山岳信仰がある。草原信仰があるかと思えば、砂漠信仰もあるわけです。それが集合的に一つになっていったのが、日本の神道であると思われます。すると、どの神様に感応するかによって、前世とは別に先祖がある程度見分けられるともいえます。

前世と先祖が同じルーツであるときには、きわめて強くそこに惹《ひ》かれるはずです。とくに出雲派と伊勢派は、前世と先祖の両方のルーツを持っていると、非常にはっきりと分かれます。

日本人としては、先祖として出雲派か伊勢派を持つ人が多かったのだと思います。

学校で子どもの「いじめっ子」、「いじめられっ子」の勢力地図のようなものも、意外とこの二つの対立とかかわっていることがあります。子どものほうが直情的に行動するケースが多いように思われます。

ちなみに私は、自分は最初、伊勢派だと思っていました。ところが、やがて出雲に惹《ひ》かれるようになり、出雲にかかわるようになりました。出雲では最初、とても重たいバイブレーションを感じました。それでもそれを乗り越えるべく、何度も出雲に通ったところ、金運や人間関係の運がたいへんよくなったことがありました。

これは出雲大社における大国主の魔力などではなく、やはり私は出雲に縁があったからだとわかったのです。それは出雲大社を支える先祖がいたということでもありました。

対立に巻き込まれる必要はない

さらに精神世界の人たちのあいだで話題になるのは、南朝系か北朝系かという問題です。そうしたなかには「南朝が大好き」「南朝を応援したい」という人が多く、しばしば「いまの天皇がすり替わった」とか「いまの天皇は北朝系だ」といった論を、非常にこだわりを持って語ります。

私が見る限り、いまの天皇家の儀礼は北朝的な要素が多いと思われますが、「南朝のほうが北朝より正統」などということはありません。北朝系が紡《つむ》いできた長い歴史と、霊の情報と儀礼がいまの天皇家をしっかりと支えているのは明らかです。

こうした対立軸ができるのも、先祖が南朝とかかわったのか、北朝とかかわったのかという歴史に関係しています。

しかし、実はずっと北朝系、ずっと南朝系という人はあまりいないのです。そういう人が存在するかも疑問です。南朝の人たちには非常にお世話になったけれども、時代が経《た》つにつれて、命が危うくなるので北朝に与《くみ》した人たちもたくさんいます。あるいは、元々北朝だったけれども、内部対立から南朝系に逃れた人など様々な人たちがいたはずです。

私は先日、奈良・明日香村《あすかむら》の石舞台《いしぶたい》から、その奥に鎮座《ちんざ》する飛鳥坐《あすかにいます》神社にいく機会がありました。宮司《ぐうじ》様に導かれて、宮司様のご自宅にも訪問させてもらいました。塀を見ると、お城のように鉄砲を撃つための穴（鉄砲狭間《ざま》）が開いていました。お城ならともかく平屋の壁に鉄砲狭間があるのには驚きました。「南北朝合一《なんぼくちょうごういつ》後も戦乱に巻き込まれたこともあったのですか」と尋ねると、宮司は「私どもは南朝に与したので、北朝系と戦うときに、ここで鉄砲を撃って戦ったのです」と話しておりました。

確かに、「ここは古いな」と思われる神社、仏閣、磐座《いわくら》には、南朝系の形跡が残っていることが多く見られます。古さからいえば、南朝のほうが古いという感じがします。しかし、やはり南朝、北朝という分け方は、前世の情報というよりは、先祖情報、すなわち霊魂の情報であることが多いと思われます。

南北朝のあとに出てきた分け方では、「公家か武家か」、「天皇か幕府か」という対立でした。どの家が好きでどの家が嫌いとか、どの土地が好きでどの土地が嫌いといった好き嫌いの感覚と非常に密接に結びついています。

しかし、これらの好き嫌いは、あくまでも感情レベルの話で、直霊が体験した前世ではない場合が多いように思われます。先祖が様々な主観を持ったための「曇り」

前世にかかわる対立軸の例

出雲派	伊勢派
北朝	南朝
公家	武家
天皇	幕府
源氏	平家
レムリア・ムー大陸	アトランティス大陸
鉄文化	石文化

の一部であって、霊的な目が未熟なためにこうした偏向に巻き込まれているからに過ぎません。

先祖の思いを詳《つまび》らかにし、先祖を大事にするということは非常に大切なことですが、直霊の前世はすでにそういった好き嫌いのレベルを超越したところにあります。あなたの直霊は、南朝と与し、北朝と戦うために生まれてきたわけではなく、武士が大好きだから武士に生まれたわけでもありません。我々はもっと大きな価値観を持って、生まれ変わりという修行をしているのです。

生まれ変わりの証拠となるアザ、傷痕

ここまでは霊的な観念から生まれ変わりという現象を見てきましたが、何も霊的な能力によらなくても、生まれ変わりがあることは明白な事実で、誰もが生まれ変わりのことを知ることができます。**直霊が体験した生まれ変わりの記憶は誰もが持っているからです。**

近年では、大学でも前世の研究が進んでいます。米国・ヴァージニア大学医学部の知覚研究室長まで務めたイアン・スティーブンソン（一九一八～二〇〇七）は、同大学精神科

主任教授としてインドでフィールドワークをおこない、前世の記憶を持った子どもが多数いることを発見、そうした事例を二〇〇〇件以上集めて、研究報告書をまとめました。

それによると、子どもたちは発話が可能になる二歳から五歳までのあいだに前世の記憶を自発的に語り始め、多くの場合、五歳から八歳までには語るのをやめ、成長するにつれて本人の記憶からも忘れ去られていくといいます。

彼らは、前世の家族のことを詳細に覚えており、親近感を示し、実際に前世の居住地に足を運ぶと、家族の名や居住環境が証言と符合したケースが多く見られたそうです。

典型的な例を挙げると、ある村で生まれた子が幼少時に、その村とは縁もゆかりもない、距離的にもかなり離れた村のことを克明に覚えていて、その村で死んだことを語り出すケースです。実際にその村を訪れて、初めてそれが事実であることを確認できるわけです。

同教授はまた、生まれてきた子どもに先天的な母斑《ぼはん》（ホクロやあざなど）や身体的欠損があり、それが前世の人物が死んだ際の身体的特徴と酷似《こくじ》していることに気づきます。前世で死亡した際に負った傷や、前世で持っていたアザ、傷痕、ホクロ、手術痕が今世の自分の身体の同じところに再現されているわけです。教授はこれを「先天性刻印」と名付け、実際に前世の人物のカルテや検死報告書で確認できたケースもあったそうです。

実は私にも、右の人さし指のつけ根にアザがあります。前世では弓を引いていた記憶があるのです。弓を引いたときに擦《こす》れてケガをしており、その後も何度も弓を引き続けたので、治らなかったのかもしれません。そのときの傷痕がアザになって今世の私に現れているのです。たぶん、それは南北朝時代の傷だと思います。

スティーブンソン教授はこうした事例から、前世の記憶は、その人の作話や記憶錯覚ではなく、また偶然でも遺伝記憶でもない、人が生まれ変わることによってもたらされるものであると結論づけました。

世界を動かした勝五郎の転生記録

スティーブンソン教授の研究報告書以外にも、前世の記憶を持った人の話は世界中で語られてきました。有名な話では、あるヴェトナムの少女が一二歳になったとき、突然前世の記憶を話し始め、自分は太平洋戦争で死んだ日本兵だといって、当時のことを詳細に語ったという例があります。実際に調べてみると、日本兵は実在の人物であり、少女がいうように彼は特攻隊員として米軍の艦に体当たりし、若くして亡くなった人だったということ

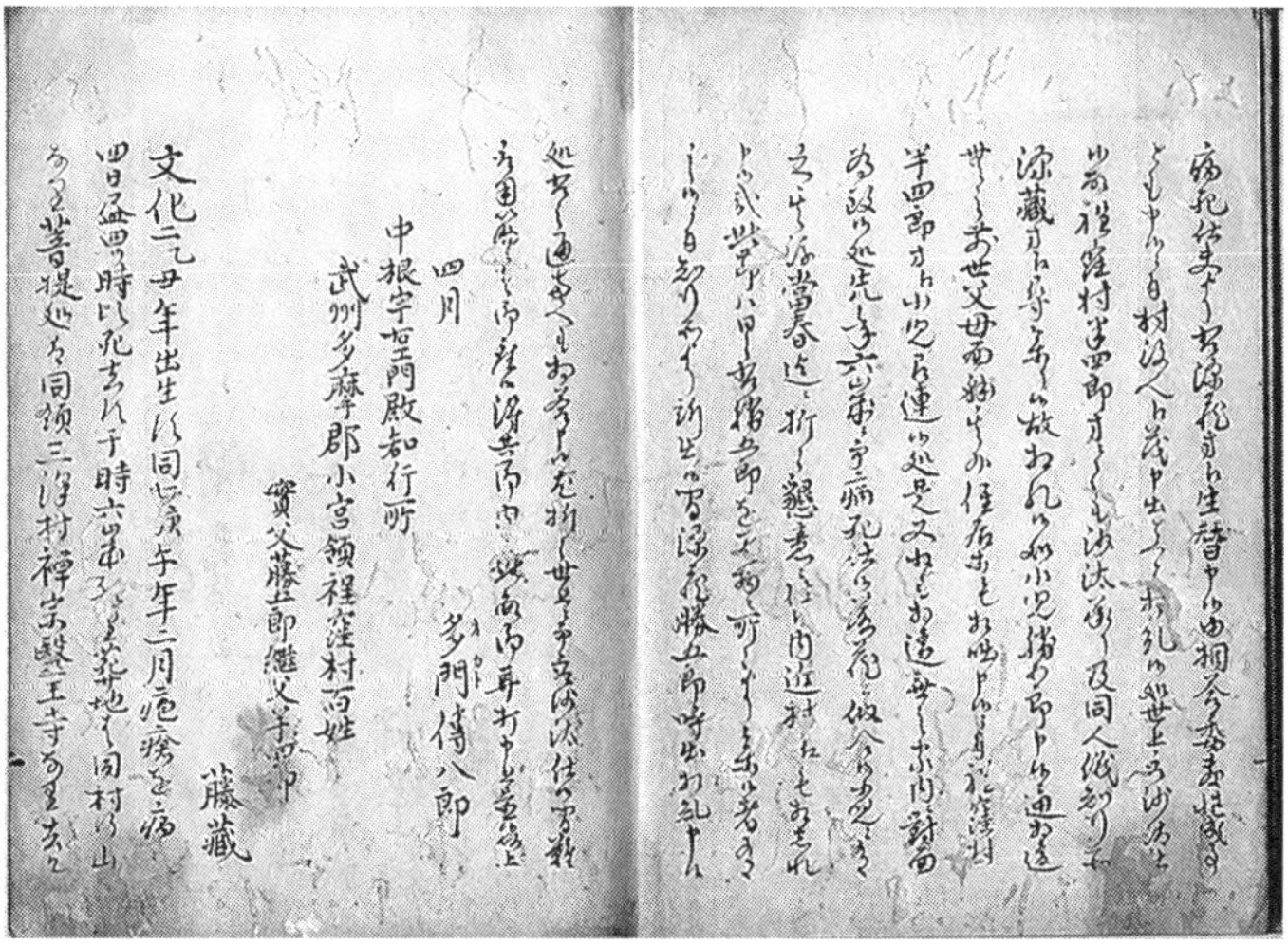

『勝五郎再生記聞』に写されている取り調べの記録（日野市郷土資料館所蔵）

とです。

　また、アメリカなどでは、小さな頃には前世のことを頻繁に母親に話して聞かせていたにもかかわらず、徐々に前世の記憶は薄れ、一五歳になる頃にはすっかり忘れてしまうという現象が多数報告されています。

　一九六六年頃に韓国で話題になった一〇歳前後の少年の話があります。彼はとくに学習したわけでもないのに、四か国語がペラペラでした。しかも、専門家が使うような言葉で学術的な会話ができたり、経済学の話もできたりしたといいます。

　もっと昔の記録も残っています。

　江戸後期の国学者で、幕末の思想に多大な影響を与えた平田篤胤《ひらたあつたね》は、江戸時代に記録された「生まれ変わり」の事例を『勝五郎再生記聞』に記しています。

それによると、文化一二年（一八一五年）、武蔵国多摩郡中野村谷津入《やついり》（現・東京都八王子市東中野）の農民である源蔵の次男として生まれた勝五郎は、七歳になった頃、五歳年上の姉や兄に不思議な話をするようになりました。「姉さんは、元々はどこの誰の子で、こっちの家に生まれてきたの？」。

驚いたのは、姉と兄です。すかさず勝五郎に「お前にはそれがわかるのかい？」と聞くと、「うん、よく知っているよ。元々は程窪《ほどくぼ》（久保）村の久兵衛という人の子で、藤蔵という者だった」という返事が返ってきたそうです。

その後も勝五郎は、前世の話を詳しく両親や祖母に話しました。藤蔵の母の名は「しづ」。父の「久兵衛」は死んで、のちに「半四郎」という者（義父）がきて自分をかわいがってくれたが、六歳のときに藤蔵は疱瘡《ほうそう》にかかり死んでしまいます。その後、あの世で老人としばらく暮らしたのち、老人の導きにより、この家の母のお腹に入って生まれたと語りました。その生まれ変わりの話のなかで、勝五郎が生まれたときに両親しか知らないことを言い当てたことから、両親と祖母は勝五郎が自分の前世だと言い張る「藤蔵」のことを調べることにしました。

まず、程久保村をよく知っている者に「久兵衛という人を知らないか」と聞いたところ、勝五郎の前世「藤蔵」の家は実在するといいます。そこで文政六年（一八二三年）一月二〇日、ついに祖母と勝五郎は「藤蔵」の家を訪ねました。すると勝五郎は、初めて訪れた土地であるにもかかわらず、何の迷いもなく、藤蔵の家へと案内します。

そして在宅していた藤蔵の母・しづと義父の半四郎と再会、勝五郎を見た二人は藤蔵によく似ているといって喜んだといいます。勝五郎の前世の記憶が真実であったことが確認されたわけです。

この生まれ変わりの話が、小泉《こいずみ》八雲《やくも》によって英訳され、世界に知られることになりました。そして、それを読んだスティーブンソンが生まれ変わりに興味を抱き、ライフワークとして前世を研究するようになったとされています。

先祖や場所に関係なく転生する直霊

このように直霊は、先祖や場所に関係なく、生まれ変わりながら、いろいろな経験をします。日本人がいつも日本で生まれ変わるわけでもなく、むしろ海外にルーツがあって、今生《こんじょう》でもその海外の影響を受けているケースが多く見られます。日本だけを転々と生まれ変わっている人はほとんどいないといっていいと思います。

もちろん、日本で比較的長く生まれ変わっているという人もいます。そうしたケースは例外的で、基本的には世界中で生まれ変わっているのが我々の直霊なのです。様々な国、様々な時代、様々な民族の意識を、何度も生まれ変わりながら総合的に経験・学習します。

その経験と学習から、長い長い人生や霊性を生きる結論を導き出し、これからどういった方向に進んでいくのか、どういったテーマで自分の価値観を見つけ、どういった喜び、宇宙的な神々《こうごう》しい喜びを求めるのかを定めて、その目指すべき道を進んでいくわけです。

これまで紹介した前世の記憶の話は突然、または偶然思い出したり、たまたま覚えていたりしたケースですが、**自分自身の意志で前世を思い出すこともできます**。というのも、**誰にも直霊はあり、その直霊は前世の記憶を全部持っているし、知っている**からです。何かのきっかけさえあれば、その記憶はいとも簡単によみがえります。

第2章では、誰もが持っているその前世の記憶に、自分自身の力でどう迫っていくか、どうやったら前世の記憶を思い出しやすくなるかという方法について語っていきましょう。

第2章

あなたの前世を探り当てる「10の手掛かり」

今世・来世にかかわる重要な前世とは

あなたの直霊《ちょくれい》の前世の記憶を辿《たど》るためには、感情レベルで結びついている先祖情報や物にまとわりつく霊的エネルギーを超越した霊的受信力が必要となります。といっても、そう簡単には霊魄《れいはく》や霊魂の情報と、直霊の情報を区別できないかもしれません。

でも、最初はそれでもいいのです。そうした作業を繰り返しおこなっているうちに、霊的感性が研ぎ澄まされていくものなのです。

まずは、その時代のメニューを知る必要があります。時代のメニューというのは、その時代時代に霊的に設定された課題・テーマともいうべきもので、誰もが大きなテーマとして、その問題に取り組むことが促されます。

それは生まれてくる場所・地域によっても微妙に異なり、傾向が色分けされます。たとえば、アジアで生まれてくることが多くなるのか、ヨーロッパで生まれてくるのが多くなるのかという違いが生じます。

四大文明のどこにルーツがあったのかとか、あるいはアフリカで生まれた「七人のイブ」

（人類のルーツ）の誰かという問題とも深くかかわってきます。

ここで重要なのは、我々はいくら思い出そうとしても、自分のこれからの人生に重要な前世情報としかつながらないということです。

一人の人間がどれだけ生まれ変わっているかを調べたことがあります。四〇〇〇～五〇〇〇人ほどの前世リーディングをしたところ、だいたい六〇〇～八〇〇回くらいの生まれ変わりを経験していることがわかりました。

その**膨大な数の生まれ変わりのなかで、今世や来世に強い影響を持つ、特別な意味のある過去世は、だいたい数回に絞ることができます。**

その数回の過去世は、今世においても重要な役割を担っています。だからこそ、**注意深く外界を見ていけば、そこには必ず、必要な前世に辿り着くためのヒントやきっかけが身近な情報のなかに隠されているはず**です。それらを見つけるコツさえわかれば、前世がよみがえってくるようになっているのです。

一にも二にも、どうしたら正確な前世を見ることができるか、という問題があります。その前世の扉を開く最初のキーワードが、服装です。

服装や衣装から知る

前世を探る方法1

昔の服装や民族衣装に何を感じるか

まず重要なのは、様々な分野の服装史を見ることです。というのも、前世を見る場合、どういう衣装を着ていたかを見れば、時代と場所のおおよその見当がつくからです。服飾、衣装の情報と前世情報は深くかかわっています。

だから、**昔の服装を見ただけで、なつかしさがこみあげてきたり、妙に気になったりするような現象が起きるわけです。**服装によって、自分の前世の記憶が刺激され、思い出すことが間々《まま》あるのです。色の雰囲気、デザインでだいたい自分の前世が追えます。

前世を特定する際、服装は非常に役に立ちます。実は前世の映像が浮かんだときに、一番わかりづらい情報の一つが時代なのです。ところが、世界各国の服装史を知っていると、おおよそどこのどの時代に生きたかがわかってきます。服装史を知ることは、正確な前世を知る大いなる手助けとなります。

服装は、衣食住のなかで歴史上一番情報が残っている分野です。どの時代に、どのような味のものを食べていたかという情報よりも、はるかに多くの情報やデータが詳細に残っています。

歴史と服装を照らし合わせた図版集もこれまでいくつか出版されてきました。そうした図版集を眺めてみると、どの国のどの服装が一番、グッとくるかがわかるはずです。**そうした「グッとくる」感じを大事にしてください。**服装から入るのが、一番手っ取り早いでしょう。

前世が日本の場合、古い衣装をリーディングすると、着物を着ていることが多いのも事実ですが、むしろ左前に着物を合わせるか、右前に着物を合わせるかが重要なポイントになることがあります。

今現在のルールでは男女で合わせ方が分かれていますが、古い時代においては、必ずしもそうなっていませんでした。地方によってはその合わせ方に呪術性を見出し、地方ごとに左前か右前かが決まっていたこともありました。

あるいは、ある神々と交信する儀礼のときはどっちとか、ある職業の人はどっちといったふうに決まっていたこともあります。それは前世をリーディングしているときに見えてきたことです。

場所や時代を徹底的にリサーチする

ピンときた衣装から、具体的にどのように前世の情報にアプローチしていけばよいでしょうか。

たとえば、カラフルな東南アジア系の衣装で出てくる場合もあれば、非常にオーソドックスな一枚の布を絞り込んでまとったような衣装を着ていることもあります。

森など自然に近い地域で暮らしていた民族は、ほかの動物から自分たちを守ったり、遠くからでも見つけられたりできるように、安全のためにカラフルな衣装をまとうことが多かったように思われます。

反対に、西洋の近世代のように、森など自然と共生していない、自然を拒絶する傾向の強い民族の場合は、特殊な立場でない限り、簡単な衣装をまとっていることが多いのです。

衣装飾りを見るだけでも、西洋文明圏ではその人が神官であったのか、巫女《みこ》だったのか、官吏《かんり》だったのか王族であったのかなどが、よくわかってきます。

より正確に自分の前世を知りたいと思ったら、服装に関する時代を研究するとよいでしょう。

その点、いまの時代は前世が非常に簡単に見つけられるようになってきました。インターネットで検索すれば、映像の世界旅行すらできる時代です。実際にその場所にいかなくても、その場所の様子や地形が手に取るようにわかります。その風景のなかに、やはりグッとくるものが必ずあるはずです。

前世で関係した場所の映像や絵などを見ると、その人の心が刺激されて、潜在意識が興奮します。潜在意識が興奮したときには、家のなかで妙に「ビシッ」「バシッ」という音が鳴るなど不思議なことが実際に起こります。インターネットや電気製品にトラブルが起きやすくなることもあります。

こんなとき、「何か不吉だ」とか「悪い霊が動いているのだ」などと思ってしまうかもしれませんが、実は尋常《じんじょう》でない重要な情報がそこにあることを示すシグナルなのです。前世でその場所がかかわっていることを示すシグナルです。

そうしたシグナルをキャッチしたり、グッとくるものがあったりしたときには、その場所のことを調べてみましょう。

たとえば前世はフランスで暮らしていたようだと感じられ、服装を見て「だいたいこの時代だな」と思ったら、その時代のフランスのことを徹底的に調べるのです。どういう職業に就いていたか、どういう地方にいたのかなど絞り込んでいきます。そして実際にグーグルの地図などでその場所の風景を見てみます。すると、「あっ、ここだ」とか「この建築物にいた」などとインスピレーションが湧いてくるものです。

ちなみに私の場合、前世をリーディングすると、まず顔から見えてきます。そしてゆっくりと、周辺の髪型、胸元の衣装、装身具などが見えてきます。

それらの映像と並行して声が聞こえてくる場合もあります。とくに繰り返し発せられる言葉や音が聞こえたりします。周囲の状況も段々と見えてきます。

前世で過ごした世界をめぐる旅

たとえば、『切手にみる世界の民族衣装』という本のページをめくっていくと、必ずといっていいほど「あっ、これだ！」という衣装に出合います。それは周りのみんなが着ている民族衣装を前世の自分が常時見ていた記憶が残っているから自然とピンとくるのです。そうした衣装の絵や写真は前世の記憶を揺さぶり、前世の記憶がよみがえるきっかけになります。

私の場合は、南米の民族衣装にグッときますが、同時に「あまりいたことはないな」とも思います。人身御供《ひとみごくう》だったせいか、あまり思い出したくないという気持ちも湧き出てきます。

私の記憶では、スペインに征服されるはるか前の南米では、よそ者はみな殺されていました。「私もやられたほうだよな」とは思います。とくにメキシカンには少しも惹《ひ》かれません。どう考えても、こちらはスペインの側だったような気がするなと感じます。かつて殺されたので、スペイン人になって今度はやっつけたのかなとも思います。

南米よりも私がグッとくるのは、北欧とか旧ユーゴスラビアです。私が本格的に外国にいった最初の国が旧ソ連（ロシア）だったこととも関係していると思います。

みんなたいてい歴史に何らかの形でかかわっています。好きか嫌いか、楽しかったか、苦しかったかという感覚があって、嫌な場合は思い出したくない前世もあるわけです。私はイギリスにも強く惹かれますが、ではもう一度イギリスに転生したいかと聞かれれば「結構です」といいたくなります。

『西洋コスチューム大全』も前世を思い出すうえで重宝しています。地理と時代を絞り込むには、布の質や色、ファッションが重要な役割を演じているからです。服をきれいに染めて編む方法や柄が時代と場所を知る決め手になることは極めて多いのです。

少数民族や少数の階級にいた人ほど服は派手です。つまり、それにグッときたら、かな

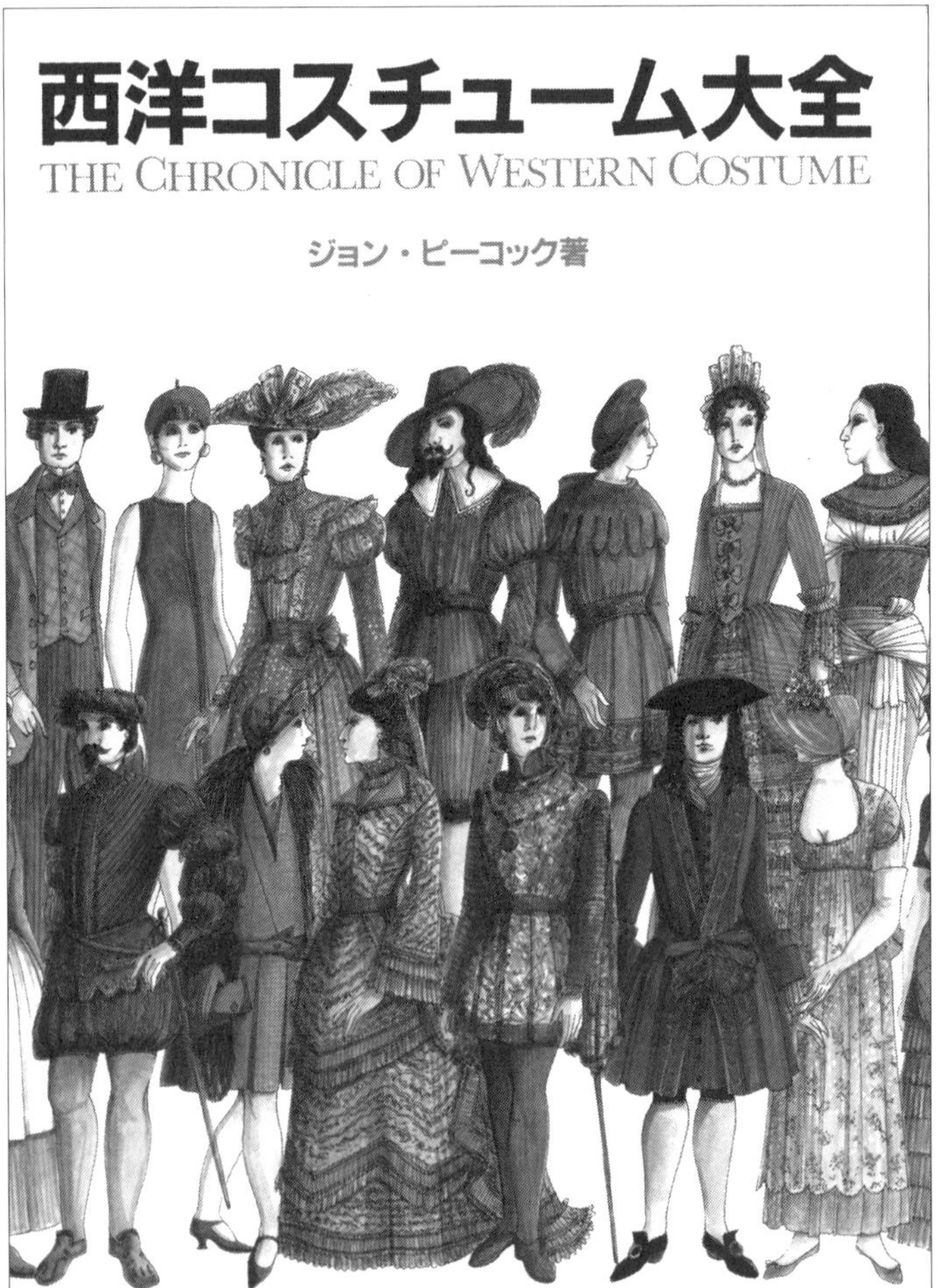

『西洋コスチューム大全』（ジョン・ピーコック著／グラフィック社刊）
グッとくる衣装の時代・国が、前世と関係している可能性が高い。

り前世を絞り込むことができるということです。

私は西暦二〇〇～四八七年のローマ時代の服装がビビッときます。その時代のファッションが前世の記憶を揺さぶるのです。あとは古代ペルシャでしょうか。猛烈にグッときます。とくにその時代の被《かぶ》り物です。紀元前六〇〇年から前五〇〇年までのあいだの服装に見覚えがあります。バビロンやアッシリアも似ていますが、ちょっと違うということを感じます。

これに対して、中世のヨーロッパの服装を見ても、まったく感じません。近代では二〇世紀初頭のイギリスにいたことがわかっています。タイタニック号の時代に生きた記憶があります。一九〇〇～一九〇三年のマントの紳士に非常に惹かれます。この時代、イギリスにいたかもしれないし、日本にいたかもしれません。いずれにしても一九〇三～〇八年にはどちらかの国にいました。

一八九一年のイギリス風のファッションの延長線上にある服装に惹かれます。帽子に外《がい》套《とう》、それにチョッキに見覚えがあります。

懐中時計《かいちゅうどけい》にも惹かれます。おそらく一七九〇～一八〇〇年代半ば、ナポレオンの時代です。この時代は懐中時計を持っていた記憶がよみがえってきます。

全体の服装だけでなく、たとえばネクタイの締め方だけで、私はグッときます。日本ネクタイ組合連合会が監修して一九五六年に出版された『日本のネクタイ史』のなかには、一九〇八年のネクタイを紹介したページがありますが、襟首《えりくび》がすでにあって、そこにネクタイがセッティングされてくっついています。

これを見た瞬間に、「ああっ、このネクタイはつけていた」ということがわかるのです。たぶん、日本で見たのだと思われます。このようなネクタイを、こだわりなくつけ替えて楽しんでいた前世を思い出します。

当然、ネクタイは反武士の象徴でもありました。当時の私は、純然たる武士の出ではなかったと思います。むしろ武士を恨んでいた節《ふし》がうかがえます。そのようなことが昔のネクタイの写真を見ただけで浮かんできます。

時代から知る 前世を探る方法2

歴代の天皇を感じてみる

そう考えると、日本は前世が追いやすいようにあつらえられた国家といえなくもありません。日本という国は、とても前世を追っかけやすい国です。霊的に注文してつくられた国家だったように感じます。

なぜなら、歴代の天皇という年表がはっきりと残っているからです。歴史を辿りやすいというのは、非常によくできています。歴代の天皇を見ていったときに、どの天皇で自分がグッとくるかを調べればいいわけです。国民にとって天皇は、集合無意識（同じ民族や人類に共通して伝えられている無意識）に強烈に残っているからです。

ただし、天皇から前世を追っかける場合には、先祖の記憶と前世の記憶が混乱することがあるので、注意も必要です。そこで自分の先祖がどの天皇の時代に栄えたのかとか、どの天皇に仕えたかなどを、家系図などを使ってなるべく遡《さかのぼ》って調べておくことも必要でしょう。

同時に前世でもその天皇の時代に何かあったのか、あるいはまったく関係ないのかを感じてみることです。少なくとも、そういう視点を意識しながら、前世を追っていくことが肝要だと思われます。

私は崇神《すじん》天皇と推古《すいこ》天皇には縁がありました。とくに推古天皇の時代に生きていた感覚を強く感じます。

朝廷でいろいろな人の行動を取り仕切る、推古天皇の「お付き」をしていた気がします。これは明らかに前世の情報だと思います。つまり直霊の記憶です。

これに対して、崇神天皇に絡む情報は先祖、つまり霊魂からきているものと、直霊からきているものがあります。先祖は崇神天皇と関係があったようです。

最初は歴史書を読んで、推古天皇という名前を聞いたときにブワーッとくる感覚がありました。

徹底的に**歴代の天皇の名前を唱えてみるのも前世を思い出すいい方法**です。

たとえば、今週はこの天皇の名前を一週間にわたり唱えてみて、**夢で何を見るかを調べるのです**。それぞれの天皇の時代に見たものがよみがえってくることがあるはずです。

のちほどくわしく説明しますが、夢も、前世を知る有力な情報となります。

明治天皇の時代までは、その時代を表わす一番の象徴が天皇でした。そういう象徴があったほうが、前世をはるかに思い出しやすいのです。天皇のイメージで思い出すわけです。逆にいうと、天皇への崇敬が揺らいだ時代というのは、前世がわかりづらいものなのです。自分の魂の尊厳すら感じづらくなる――そんな気がします。

干支《えと》から見た日本史を調べる

私は思想的に右翼でも左翼でもないと思っていますが、天皇が大切だということはわかります。私たちの魂のルーツを探そうとしたら、天皇は非常に重要な役割を果たすからです。とくに霊的なルーツを追っかけようとした場合に、「私はどの天皇に仕えたのか、あるいはどの天皇の時代に生きたのだろうか」「天皇とは近かったのか、遠かったのか」という問いの答えが、前世がいつのことだったかの決め手となるのです。

私の場合、干支《えと》でグッとくるのは、辛巳といって「かのと・み」の年です。時代でグッとくる推古天皇の頃では、推古二九年（西暦六二一年）がそれに相当しますが、この年、新羅《しらぎ》の使者が朝廷に貢物《みつぎもの》を贈っています。

私は、男として生まれていて、推古天皇の非常に近しいところにいて、「頑張らなきゃ」と思っていた前世があったことを強く感じます。干支で見ると、辛巳は男性的な力が再生される年であるとされています。

近年で見ると、一九四一年と二〇〇一年が辛巳でした。ご存じのように一九四一年は真珠湾攻撃で太平洋戦争が勃発した年ですし、二〇〇一年は米国で九・一一同時多発テロ事件があった年です。二〇〇一年は雅子さまが女の子の愛子さまを産んだ年でもあるので、推古天皇の時代と同様、女帝問題を髣髴《ほうふつ》とさせる最初の年でもありました。小泉政権の発足と構造改革問題など推古天皇時代とも呼応しているように感じます。

ほかにも二〇〇一年の一〇月に黒海上空で、ウクライナ国防軍が発射したと見られるミサイルにより誤ってロシアの民間航空機が撃墜されるという事件がありました。現在のウクライナ戦争は、霊的にはこの年から始まっていると考えることも可能で、非常に予言的です。

米国のアフガニスタン侵攻や、エルサルバドル大地震やインド西部地震といった大地震が発生し、しし座流星群の当たり年でもあったことを考慮すると、偶然がものすごく偏っている年でした。

私が推古天皇時代の辛巳にとくに惹かれるのも、おそらくそのような激動期であったからだと感じます。これだけ推古天皇の時代に惹かれるということは、今世でも同じような学びがあることを意味しています。丁寧に推古天皇の時代を調べれば、今世では自分に何が必要なのか自ずとわかってくるものなのです。

この時代には、木簡《もっかん》でマージャンのような方法で木簡占いをしていたこともわかっています。ほかにも女帝であったことが今世でも響き合います。

だから私は安易に「女帝反対！」を叫ぶ右派の人を見かけると、憤りを感じます。「天皇家に失礼だ」と思ってしまうのです。たぶん、推古天皇の時代の前世の意識が現れて、そのときも女帝問題で大論争があったから騒ぎたくなるのだと思います。女帝問題を論じること自体不敬なのだ、と当時思ったということが、今世でも思い出されるわけです。

ほかにも、「長袖者」という言葉に非常にピーンときます。男性で長い袖の服を着ているのは、学者のことです。たぶん推古天皇の時代の学者は、現代の科学者とは違って、吉凶を読む人、占断や暦を読む専門家だったと思います。そういう「長袖者」だったのを感じます。

『干支から見た日本史』(邦光史郎著)という本がありますが、六〇干支では、この年には、こういうことが起きやすいということをきちっとまとめています。**時代の周期論と前世は関係しているのです。**というのも前世には、輪廻転生《りんねてんしょう》という周期があるからです。丙午《ひのえうま》など干支にも周期論があります。

つまりそれぞれの時代、**それぞれの年は、ある特定のテーマと結びついている可能性があるのです。**その周期に合わせて、あえて生まれ変わってくる場合があるのです。

このように自分の前世史はいろいろなところで感じます。日本での転生も長かったようです。時々、幕末・明治の政治家である勝海舟《かつかいしゅう》の意識とダブることもあります。ただ、前世が勝海舟だったかどうかははっきりしません。勝海舟の非常に身近に存在していたのを感じます。

改めて調べてみたところ、義理の親戚に哲学館（のちの東洋大学）を創立した哲学者の井上円了《えんりょう》がいたことがわかっています。ですから、勝海舟と井上円了の親戚関係からきている情報かもしれません。それはどちらかというと霊魂の情報ということになります。井上円了の哲学館設立には、勝海舟が非常に尽力したと聞いています。

誰もが天皇の治世を経験する

崇神天皇の情報が先祖からきているのは間違いありません。霊魂の情報であり、大先祖からもたらされた情報です。同時に、直霊としてもその時代を経験していると感じます。奈良の三輪山《みわやま》の近くで神託を受けるような神職としての仕事をしている自分を見たことがあります。

それだけ崇神天皇の時代に霊的にも非常に深い縁を感じるわけです。

私は長男坊で、静岡から東京に出てきて、なかなか親孝行できないでいますが、とにかく崇神天皇だけは「ありがとうございます。御崇神天皇」と唱えてから寝るようにしています。

それは誰かにいわれたわけでなく、そうしなければならないとわかるのです。そういうことは、いわれてやるのでなく、いわれなくてもやらなければならないことなのです。どうしてかわかりませんが、小さいときから、そういう訓練を受けていた感じがあります。

第七三世武内宿禰《たけうちのすくね》を名乗り、有名予備校で日本史を教えていた竹内睦泰《むつひろ》氏は、生徒に歴代の天皇名を覚えさせ、その天皇と歴史的出来事を結びつけさせて日本史を教えていました。非常にいい方法だと思います。

天皇の名前からなぜ歴史を覚えられるかというと、みんな、前世で経験しているからです。直霊が経験した前世を思い出すためには、天皇制が非常に役立つのです。本当にありがたい「前世暦」になります。それも昔は、誕生日は数えだったので、お正月が誕生日となります。いわば天照大神《あまてらすおおみかみ》の誕生日がお正月なのです。

このことは、日本国民が切っても切り離すことができない霊的なネットワークを持っていることを極めて象徴的に表わしています。暦の統一感や同一感をみんなで共有して楽しめるわけですから。それを自分の誕生日でもあるというのは、こんなにめでたいことはありません。

お正月のように、縁起や風水に則《のっと》った儀礼が本格的に発展したのが、推古天皇の時代であったように思います。そういったものをまとめ直す作業に、当時の私は非常に深くかかわっていたように感じます。

どういうことを信じた場合に、それが吉事につながるのか、凶事につながるのかという実践的な研究を長くおこない、「これはきっと、こうでございます」と推古天皇に報告して、様々な儀礼の仕組みをつくっていったのだと思います。

この時期にはこうしたものを食べるとか、この時期にはこういう場所にいこうとか、こういう星を見ようといったことを本格的にまとめた記憶があります。

この時代あたりから、暦と庶民を何とか接続させて、国民全体の運が上がるように腐心《ふしん》した覚えがあります。国民の運を上げるには、暦と連動した儀礼・儀式などの仕組みが不可欠だったのです。

だからこそ、今世でも私は呪術やしきたり、神事や儀礼の本を書くことに注力し、また書かなければならないことが自ずとわかるのです。

石や土を触って知る

前世を探る方法3

巨石は前世の記憶を呼び覚ます装置だった！

歴代天皇と同様に、前世の記憶を呼び覚ます力を秘めているのは、巨石や土です。

私は超能力少年と呼ばれる前から、とても石が好きでした。石に好かれているとも思っています。基本的には石と土が私の人生に大きくかかわっていることが感じ取れます。石と土には、非常に色濃く前世の記憶が結びついて残っているのです。

世界中に巨石建造物がそこらじゅうに残されている理由は、一つには未来世において「今世」の記憶を思い出すことができるように建造したように強く感じます。墓と同じです。未来の人たちが「今世」を思い出すために残したのです。

石や土は前世の記憶を持つ装置でもあるのです。墓に触れれば、それが自分の前世と関係があるかどうかがわかるようになっています。

大きな輪廻転生の流れのなかで、巨石建造物などを残すことによって、前世を思い出すための楔《くさび》をところどころに打ち込んでおくのです。長大な流れのなかで道に迷わないよう

広島県・鬼《き》叫山《きようざん》の方位石（左）と、滋賀県・白鬚《しらひげ》神社のピラミッド石（右）。こうした巨石が前世を呼び覚ますかもしれない。

に建てられた転生のための道標《みちしるべ》であるともいえます。脇道にそれて迷子にならないように、初心、すなわち原初の神の心に帰るように促す装置であるようにも感じます。

前世でその巨石の建造にかかわった人が、今世でもその意味を求めて、その巨石遺構に出会うようにあらかじめ設定されているといっても間違いではないでしょう。歴史も同様です。間違った方向に歴史が解釈されないように、国のありさまを〝修理固成〟（しっかり整えて、つくり固めること）するために、転生してくる人もいます。人は、石によって前世を思い出します。縄、布、服によっても思い出します。

これらの材料は、非常に縄文的です。縄文土器はなぜ縄目で土を使ったかというと、石と縄というものが、非常に長く霊的な情報を保持するということを縄文人は知っていたからに違いありません。

五感で追体験して前世を確信

土に関していえば、私が最初に自分の前世を思い出したのも、土のお陰でした。普通、能力者は他人の前世は見えても、自分の前世はなかなか見ることができないものなのです。私は幸いにも、土に絡むある偶然から、自分の前世を見ることができるようになりました。

それは、静岡県の実家近くに開店した喫茶店での出来事でした。当時ちょっと珍しく、豆本ばかり展示してあるお店でした。

私は信楽焼《しがらきやき》のカップでコーヒーを飲んでいました。すると突然、心のなかに小さな風景が浮かんできました。初めは小さなモヤモヤとした雲の切れ間のような窓でしたが、その輪郭《りんかく》は次第にはっきりしてきました。

何だろうと思ってさらに目を凝《こ》らすと、その風景のなかに自分と同じ顔をした男がいることに気づきます。男は髪がボサボサで継ぎはぎだらけの服を着ており、その男の背景には江戸時代らしき風景も見えました。

近くには藁葺《わらぶ》き屋根の家もあり、かまどからは煙が立っています。すると土の匂いと一緒に、かまどで炊いているコメの香りが漂ってきました。

男は刃の欠けたボロボロの鍬《くわ》で土を耕しています。そして、あぜ道に腰掛け、とても楽しそうに畑の土を一握りすると、その手を太陽にかざしながら、「いい土だな」といってうれしそうに微笑んでいます。

するとその瞬間、本体である自分の意識が、喫茶店でコーヒーを飲んでいる自分と、意識の映像のなかの自分とをいったりきたりする、非常に不思議な体験をしました。

そして、我に返った瞬間、「これは自分の前世に違いない」という直感が湧いてきました。と同時に、自分が喜んで握っていた畑の土は、自分と一緒にくっついて循環して再生し、今世では信楽焼のカップとなって再会したのだということが、はっきりとわかったのです。理論や理屈を抜きにして非常に直感的に、それも明確に状況が理解できました。

このことがあってから私は、前世というのはこのくらいの感覚で、これくらいのチャンネルに意識の照準を合わせると見えてくるのだな、ということがわかるようになりました。それからは、自分の前世を順に追いかけていくことができるようになったわけです。

夢で知る 前世を探る方法4

繰り返し見る夢を分析する

繰り返し見る夢に着目することも重要です。たとえば、ある特定の時代の歴史の夢を繰り返し見たら、その時代に何があったのかを徹底的に調べてみるのです。

だいたい夢というのは正直で、嘘はつきません。ヨーロッパの古城の夢を何回も見たら、それはやはりヨーロッパで前世を送ったということにほかならないのです。それがヨーロッパのなかでもフランスなのか、イタリアなのかということは、街並みや服装などをよく観察すればわかってくるはずです。

霊的な探求を進めたければ、夢日記をつけることがおすすめです。潜在意識の深いところに眠っている直霊の前世の情報が顕在意識化しやすくなります。淡《あわ》く潜在意識に「頼む」ことによって、今世で必要な前世の情報を引き出すことはそれほど難しいことではないように思われます。

これは実際にあった例ですが、小さい頃から何度も繰り返し「逃げ続ける夢」を見ると

夢に出てきた古城が前世のヒントになることも…。
写真はスイスのシヨン城（Benjamin Gimmel）

いう女性がいました。彼女はその夢のなかで、松並木の街道のようなところを、何か大事なものを抱えて、延々と逃げ続けます。

傍《かたわ》らには弟がいて、時々むずかるのをあやしながら、町から町へと逃げ続けるのを、かなりのスピードで走馬灯のように見る、というのです。このように具体的で早回しのような夢は、まず非常にはっきりした前世の夢といえます。

前世において強く意識に刻んだことことは、そのことをよほど恐れていない限り、夢に出てくることが多いのです。また、前世で繰り返し経験したこと、たとえば職業経験が夢に出てくることもあります。

「トンカチを何度も何度も振り下ろす夢を見る」といって、私のところへ相談にきた男性がそうでした。「そんな危ない物を何度も振り下ろすなんて、自分の無意識のなかにはそのような危険な衝動があるのだろうか」と不安になったそうです。

けれども、そのトンカチを振り下ろす夢をよく探索していくと、周りが暑く、近くから熱気が漂ってくるのがわかりました。トンカチを振り下ろす行為は、彼が刀鍛冶《かたなかじ》として仕事をしていたときの記憶だったわけです。

また、「俺の夢は縦揺れだ」といった男性もいました。この人は、とにかく夢のなかでいつも空間が上下に揺れているというのです。その理由をずっと探っていくと、大きな和船に乗って、海で激しく揺られていたのがわかりました。彼は前世で村上水軍《むらかみすいぐん》（中世の瀬戸内海で活躍した村上一族の海上勢力）の一員だったのです。水上生活の記憶が夢に現れていたわけです。

夢は潜在意識からの「お導き」

このように繰り返し見る夢は、潜在意識がその倉庫に眠る前世の記憶から、いま、どの部分を思い出すのがふさわしいかを選んで見せています。**今世で生きていくときに、何ら**

かの意味を与えてくれる記憶だからこそ、「はっきり思い出しなさい」と潜在意識が訴えかけてくるのです。

その夢の意味をつかみたい、夢に現れる場所がどこなのか特定したいと思ったら、夢のなかで周りの風景や呼ばれた名前に注意します。

とくに風景では、神社仏閣や石に注目して見てください。たとえ大木でも、植物は変わってしまうことが多いのですが、大きな石や、宗教的な建造物は昔のままの位置にあることが多いのです。

ある男性は、崖の切り通しのようなところにあるお墓が何度も夢に出てくるという経験をしました。その記憶を基に、似たようなお寺を調べて、自分の前世のお墓を見つけたというケースもあります。

もっと不思議な夢は、大阪大学工学部工作センター長を務め、定年退職後は岡山のバイオベンチャー企業「林原《はやしばら》」の生物化学研究所で新製品の発明・開発を担当した発明家・政《まさ》木《き》和《かず》三《み》（一九一六〜二〇〇二）のケースです。

彼は小学生の頃から毎月一度、必ず同じ夢を見ていたといいます。それは、どこの場所かはわからない、石畳のある町の風景でした。その道の脇には、まったく隙間のない石組みが延々と続いていました。ところが、そのような場所は彼にはまったく心当たりがなく、「いつも不思議な夢を見るものだな」と思わずにいられなかったそうです。

ところが、一九七〇年ごろのある日、何げなくテレビを見ていると、何と夢とまったく同じ風景の映像が目に飛び込んできました。それは、米国・フロリダ沖のバハマ諸島ビミニ群島近くで、一九六八年に発見された奇妙な巨石の構造物らしき海底遺跡「ビミニロード」を撮影した映像でした。

彼は当然、それを見て驚いたわけですが、さらに驚愕《きょうがく》したのは、それまで四〇数年間、毎月一回見ていた不思議な夢が、その日を境にぷっつりと途絶えたことでした。

彼がその遺跡について調べたところ、その海底遺跡は発見される二八年前の一九四〇年に、エドガー・ケイシー（一八七七〜一九四五）というアメリカの〝超能力者〟が発見年まで予言したアトランティスの首都ポセイディアの可能性があることがわかったといいます。

「自分の前世はアトランティス人であったのだろうか」と訝《いぶか》っていたとき、政木は見ず知らずの二人の外国人の訪問を受けます。アメリカ人の学者と企業コンサルタントらしく、二人は彼に会うなり「あなたこそ、この石の持ち主に違いない」といって、直径四センチほどの奇妙な円盤形の石を手渡しました。それはキュウリを輪切りにしたような色と模様をした、メノウに似た鉱石でした。

話を聞くと、二人は来日する一年ほど前にエジプトにいったときに、まったく思いがけなく、エジプトの「神官」と名乗る人物に出会ったそうです。その神官は二人に歩み寄ってきて、手に持った不思議な石を見せながら「この石は六〇〇〇年も昔からエジプトの神官が受け継いできたモノです。あなた方は近いうちに日本にいき、必ずこの石の持ち主に会うことになっています。これをその人に渡してください」と頼んだといいます。

二人は日本にいく予定がないうえ、誰に渡したらいいのかもわからなかったので躊躇《ちゅうちょ》していると、神官は「石の持ち主は必ずわかる」と言い張るので、石を預かったといいます。

すると本当に仕事の都合で日本にいくことになり、何かに導かれるように政木に巡り合い、会った瞬間に「この人が持ち主だ」と直感したのだということです。

これにはさらに不思議な後日談があります。その後まもなく政木が、その石の話を講演会で話したところ、参加者の一人が突然、感極まって泣き出したのです。その人は女性で、政木が驚いて立ち尽くしていると、その女性はにわかに、周りの人が誰も理解できないような言語で政木に向かって洪水のようにしゃべり出しました。

その場にいた誰もが、それまで聞いたことがない言語だったにもかかわらず、政木にはその言葉の意味がわかりました。そして次の瞬間には、政木自身もつられるように無我夢中でその言語でしゃべり始めていました。

まさに自動翻訳機状態で、その言語による会話によると、その石こそアトランティスの神官が持っていた聖なる石で、政木がその神官だったということです。

このような**摩訶不思議なことが起こるのも、私たちの生まれ変わりの法則の一つ**なのかもしれません。

旅に出て知る

前世を探る方法5

前世は理屈で理解するものではなく、身体全身で感じてわかるものなのです。ですから、旅に出て、人やモノに出会って、いろいろと感じてみることは、前世を思い出すきっかけになります。

世界地図を見てください。世界の旅行ガイドや旅番組を見るのもいいでしょう。いろいろな国や地域、民族があるなかで、国旗に親近感が湧いたり、民族衣装に惹かれたり、ただ何となくいってみたくなったり、理由は何でもかまいません。とにかく、気ままに、風の吹くままに旅に出てはいかがでしょうか。

そもそも「袖振《そでふ》り合うも他生《たしょう》の縁」なのです。ならば離島のように、あまり一般の観光客が立ち寄らないような僻地《へきち》で偶然出会い、意気投合してしまうような人は、前世でも同じ場所で知り合いであった、あるいは友であった可能性が極めて高いわけです。

それがモノの場合もあります。土に触る、石に触る、衣類に触る、伝統料理を味わう、植物や食べ物の匂いを嗅ぐ、星を見る、小川のせせらぎや波の音に耳を澄ます——それらの五感をフル活用すれば、必ず前世は見つかります。なぜなら**すでにあなたはその風景を見たり、音を聞いたり、土地の料理を味わったりして知っている**からです。

それはよく既視感（デジャビュ）として表現されたりします。既視感とは、いままで経験したことがないはずなのに、かつて経験したことがあるかのように感じることですが、必ずしも錯覚や思い違いではないのです。

多くの場合、前世で経験したこと、あるいは非常にまれですが、未来で経験することが今世に自分の感覚と共鳴するときに起こることなのです。

そうした現象が起きたときに、さらに掘り下げてみるのもいいでしょう。いったいどうして既視感が生じたのかを調べてみるのです。

その答えは、ある日突然、啓示のように降ってくるかもしれません。あなたはすでに知っているわけですから、自分の感覚を信頼して前世探しに活用してください。

心理分析で知る 前世を探る方法6

変わったところでは、心理分析をして自分の前世を割り出す方法があります。ゲーム感覚でできる点が面白く、おすすめです。基本的には、**直前の前世の後半部分の性格が今世の前半部分に出やすくなります。**

たとえば、前世でどの階級や層に属していたかを知るためには、自分中心で世界が回っていると考えているか(支配層)、自己主張をせずにただ黙々といわれたことをするのか(従順な庶民層)、他人の目を気にして控えめに暮らしたのか(不特定多数の庶民層)、地位は高くても実権はなく、ただ責任を押しつけられるままに過ごしたか(中間支配層)、よく主人に仕えた優秀な右腕として活躍したか(補佐層)などの性格判断をすれば、どの層であったか、おおよそ見当がつくわけです。

前出のイアン・スティーブンソン教授の調査では実際、インドのデリーでバニャンという商人のカースト（中流の下の階層）の家庭で生まれた子が二歳半くらいになって言葉が話せるようになると「僕はシャルマ（インドで最高のカーストであるバラモン階級に属する人々）だ。マトゥラーという町で大邸宅に住み、召使いを大勢使っていた。弟の一人と口論し、その弟に撃たれた」と語るようになり、まるで裕福なバラモンのように振る舞ったそうです。

後日、調べてみると、確かにその子が生まれる八年前に、該当する殺人事件があったことが判明。加えて、その子が当時の身内しか知らないはずのことを語ったので、向こうの家族もその子が「弟に撃たれて亡くなった親族」の生まれ変わりだと確信するに至ったそうです。

面白いのは、その子が成長するに従ってバラモン風の傲慢《ごうまん》な態度が改まり、自らの家族が置かれている質素な環境に適応するようになったということです。

この性格診断で前世の階級を知るという方法は、転生後の幼少期の性格をきちんと把握しないと、正確に前世を言い当てることはできないという難点があるように思われます。

その一方で、性格判断で前世の職業を探る方法は意外と有効かもしれません。

たとえば、黙々といわれたことを断りもせずにこなす我慢強い人は、前世では農民だった可能性が高いように思います。

困難をいくつも乗り越え、人を動かすだけでなく、自らもよく働く人は、一国一城の主、武将、大商店の主、豪農の当主だったのではないでしょうか。一つの目標に向かって一心不乱に突っ走る性格の人は、おそらく狩人か騎馬兵、漁業、あるいは海賊といった野山を駆けまわるような職業についていたと思われます。

センスがよくて器用さを持ち、遊び人的な性格を持つ人は、指物師《さしものし》、浮世絵師、戯作者《げさくしゃ》、役者などの腕のいい職人タイプの職業だったはずです。勤勉で研究熱心な性格の人は、肉体労働にはほとんど無縁な貴族や学者、僧などだったのではないかと思っています。

母斑《ぼはん》や傷痕から探す

前世を探る方法7

アザやホクロなどの母斑や、傷痕など身体的な欠損や特徴から前世を探る道もあります。スティーブンソン教授の探し出した事例では、前世の記憶を持つとされる子どものなかには、前世の自分の肉体についた傷と符合する母斑や先天性欠損を持って生まれてくる者が非常に多いそうです。

しかも、子どもが持つ前世の記憶と符合する故人の検死所見などから、実際に前世の個人の傷痕の記録で確認が取れたケースも三〇例ほどあるとのことです。

たとえば、一九五八年にイングランド北部のノーサンバーランド州で生まれたジュリアンとジェニファーの一卵性双生児は、二歳から四歳までジョアンナとジャクリーンという二人の姉の生涯を記憶していると見られる発言をして家族を驚かせました。この二人の姉はそれぞれ一一歳と六歳のときに、ジュリアとジェニファーが生まれる一年半ほど前に交通事故で亡くなっていたからです。

この二人の姉妹の事故死で、両親は悲嘆に暮れましたが、父親は次に生まれてくる子はきっと双子で二人の生まれ変わりに違いないと信じていたそうです。すると、実際に双子が誕生、しかも亡くなった妹ジャクリーンの体にあった二つの傷痕と、大きさも部位も一致する母斑が妹のジェニファーにあることに夫妻が気づきました。それだけでなくジェニファーの左腹部にある茶色の母斑は、ジャクリーンにあった母斑と一致していたのだそうです。

面白いのは、一卵性双生児にもかかわらず、ジェニファーにだけ母斑があったことです。それはまるで、生まれ変わりが事実であることを証明する母斑にも思えてきます。

米国のアイダホ州でも、生まれる前に交通事故で亡くなった姉の記憶を持ち、そのときの事故で致命傷となった外傷のある部位に母斑がある妹の事例が報告されています。

極め付きは、米国・アラスカのケースでしょうか。前出のスティーブンソン教授の研究によると、アラスカの老漁師ヴィクター・ヴィンセントが生前、姪《めい》のコーリス・チョトキン夫人に向かって「自分が死んだらお前の息子として生まれ変わるつもりだ」と告げて、姪に小さな手術痕を二つ見せたといいます。

一つは鼻柱の近くにあり、もう一つは背中にありました。老漁師はその痕を姪に見せながら「この二つの痕跡と同じ場所にアザがあるから、生まれ変わってもすぐ見分けがつくはずだ」と語ったそうです。

老漁師は一九四六年春に死亡。その一年半ほどあとに、姪のチョトキン夫人は男児を出産しました。すると、その男の子には、伯父のヴィンセントが見せてくれた手術痕とまったく同じ部位に母斑が二つあったということです。

このように**前世で負った傷痕や母斑が来世に持ち越される場合は多い**のです。それを手がかりにして、自分の前世を明らかにすることは十分に可能だと思われます。

テーマや素材で探す

前世を探る方法8

先述したように、私にも南北朝時代に負った傷痕が関係していると思われる右の人さし指にアザがあります。弓の引き過ぎが背景にあったこともお話ししました。

ここから一ついえることは、私の先祖、そして私の前世で弓に多くかかわっているということです。

古い時代には武器としてだけでなく、儀式として弓を使っていたようです。流鏑馬《やぶさめ》にもかかわっていた記憶があります。また平安時代でしょうか、それよりもっと古い「弓祓《ゆみはら》い」もおこなったように思います。私は弓にかかわる生まれ変わりを繰り返しています。先祖も前世も弓に深くかかわっています。

先祖でいえば、私の先祖は弓で招霊をしていた加賀美《かがみ》一族です。初めて弓祓いをした人たちです。この弓祓いの方法は、相撲に一部残っていますが、いまだにどうやったかよくわかっていません。梓弓《あずさゆみ》は弓の弦《げん》を鳴らして招霊します。

ですから、弓というアイテムは、私にとって直霊と先祖（霊魂）の共通のテーマなのです。

このテーマや素材から前世を探求することも可能です。

また、いままでのリーディングの経験では、子どものころ、尖《とが》ったものが苦手だったり、ものごとがうまくいくと、どこかでダメになると否定的に考えてしまう人は、戦国時代に生きた前世のある人の可能性が高いと思われます。

前世を思い出すツールとして、服装、時代、場所から出発して、共通のシンボルとかテーマにつながっていくことがあります。私の場合はそれが弓です。先祖も前世も弓が人生のシンボルなのです。とくにあの弓の形を見ると、昔大きな弓の弦を曲げて弓をつくっている姿が浮かんできます。矢羽根をつくったり、矢尻らしきものをつくったりしていたようです。とくに石の矢尻を見ると、グッときます。

ところが、弓が前世につながるアイテムであるにもかかわらず、面白いことに今世では弓とはほとんど縁がありません。強いて挙げれば、私が通った高校は弓道がとても有名な学校でした。私は弓道場が隣にある応援団に所属していたので、よく見る機会はあったわけです。しかし、弓にかかわり過ぎたせいかどうかわかりませんが、まったくやってみたいとは思いませんでした。

その一方で、弓道部の練習を見ていて、「あっ、こいつは的《まと》に当たるな」とか「こいつは外れるな」といった予想がやたらと当たったのを覚えています。今世での経験がないにもかかわらず、構えを見ただけで瞬時に予測できてしまうのです。不思議だなと思ったことはありました。それでも弓道部に入らなかったのは、今世の目的が弓ではなかったからではないでしょうか。

スポーツの世界では、選手としてはごく平凡な成績だったけれど、監督になったとたんに才能を発揮する人がいます。逆に選手としては一流だったのに、監督としては散々だったという例もあります。これはやはり、前世での経験があるかどうかが大きく影響するように思われます。前世でも経験がある人は、監督をやらせてもうまいはずです。運動のパターンや結果の兆しを把握して予想できるからです。

とくに長く前世で一つの芸を経験して研ぎ澄まされた人は、瞬時に動くスポーツなどでは「気持ちの分岐点」ともいうべき「運の流れの分岐点」がわかるのではないでしょうか。だから、うまくいくか、いかないかが、自ずとわかるわけです。

誰にも、そうしたカギとなるシンボルがあるはずです。それは前世を思い出すためのカギであり、ヒントなのです。一緒に生まれ変わっているアイテムといってもいいでしょう。旗頭《はたがしら》に家紋とか共通のアイテムを描いているように、ある種のセットで生まれ変わります。

たとえば、植物のユリがそのアイテムの場合もあるでしょう。ユリは聖公会（アングリカン教会）の象徴です。ユリは霊的なシンボルでもあります。アイテムは花だったり道具だったりする例が多く見られます。

日本の家紋は比較的新しいものですが、古いものはアイテムになり得ます。特定の物品とかかわるものなら、何でも前世を思い出すシンボルやアイテムになり得るのです。

今生《こんじょう》の嗜好《しこう》で読み解く 前世を探る方法9

前世の傾向がわかる嗜好性

シンボルや素材が転生のテーマソングだとしたら、その時々の嗜好もまた、転生の流れをつかむためのメロディーと考えることができます。

どのような食べ物が好きか、というメニューがあって、映画が好きか、車が好きか、古くから続くスポーツが好きか、石が好きか、金属が好きか、という違いもあります。

古い前世で、石器時代に親しみがあったのか、青銅器時代以降の金属文明に親しみがあ

石を愛でるか、金属を愛でるかの性向が、前世を知るヒントに…。
写真は島根県・荒神谷遺跡から発掘された青銅器（銅鐸と銅矛）

ったのかでも時代性が分かれてきます。石と鉄・金属の区別は、非常にはっきりしています。缶が好きか、瓶が好きかという違いは、金属が好きか、石が好きかという違いでもあります。

石を愛《め》でる文化と金属器を愛でる文化は、これまでずっと長い闘争を繰り返してきた歴史があります。西洋でも長らくそういう歴史がありましたし、日本でも荒神谷《こうじんだに》遺跡のように、青銅器をそのまま土に埋めてしまったという歴史がうかがえます。そうしておいて、青銅器とまったく同じ形のものを石でつくり直すという作業すらおこなっています。これも石と鉄の闘争の歴史の一つです。

言い換えると、私たちの嗜好によって、ど

ちらの側により大きくかかわったかという過去世・前世の傾向がわかってくるわけです。

金属アレルギーがあるのか、ないのかは、今生《こんじょう》とかかわりのある前世を知るための重要な要素です。アレルギーと前世記憶は根深くかかわっているからです。

蕎麦《そば》は、仏教がもたらしたとされています。蕎麦アレルギーは、仏教と対立した古い宗教、つまり神道系の前世を持つ人に発症する可能性が非常に高いのです。

エビ、カニなど甲殻類《こうかくるい》アレルギーの人は、山の民系の前世を持つ人、内陸の奥地の民であった可能性が大きいように思われます。逆にエビ、カニにアレルギーのない人は、海の民であったのではないでしょうか。山の民系か海の民系かは、そこで見ることもできます。

今生で海の民系として生まれているのにエビ、カニのアレルギーがある人は、やはり前世では山の民系であった場合が多いのです。

好き嫌いにどう対処するか

ここで問題が生じます。

山の民だったからエビ、カニがダメという人も、少しずつエビとカニに対する耐性をつけていくのか、それとも一生激しく嫌うのかという問題です。

私の知り合いで、お子さんが卵アレルギーだという人がいます。でも結局、お子さん本人が大人になってから少しずつ卵とか乳製品を食べて耐性をつけて、「いまはもう症状が出ません」というケースもあります。

前世の職業の問題もあります。古い時代の職業分野というのは、専門職なのか、一般職なのかで、全然違ってきます。専門職だった場合、特定の物質や形に対してこだわりが大きく出ます。数量とか素材にもこだわります。

そういう人は、指の感覚が結構敏感だったり、なかでも先端恐怖症（ナイフや鉛筆など尖ったものを見ると強い不安感に襲われる）である人は、金属とかかわる職業だったりした可能性があります。そうした金属をたくさんつくり過ぎて、嫌になってしまう人も結構いるのです。

ゴム・アレルギー（ラテックス・アレルギー）の人もいますが、前世で柔らかい素材を扱った人が、もうこりごりといってアレルギーになる場合もあります。

ビー玉など小さな玉をたくさん集めるのが好きか、小物を集めるのが大好きな人は、やはり収穫の喜びに対する前世の気持ちが強く残っている人です。そういう人は農耕民だった可能性が高いでしょう。

日本刀が好きな人は、やはり日本人で武士であった人です。両刃の剣が好きな人や青竜刀《せいりゅうとう》が好きな人も、それぞれそういう刀が使われていた時代や地域とかかわりのある前世を持っている人です。紅茶好きかコーヒー好きかでも、ある程度前世がわかります。

各地の典型的な気候と風景を見て、どれに一番心を惹《ひ》かれるかでも、その人の前世の傾向がわかります。

乾いた砂漠のようなところが好きか、森が好きか、夏が好きか、冬が好きか。北方で暮らした前世がある人たちは、冬は確かに寒くてつらいですが、嫌いではないはずです。夏が好きな人は南方系が多いといえるでしょう。

たとえばハワイは暑くて乾燥していますが、暑い気候が好きだけど乾いた場所が好きという人は、中東とつながりがある前世を持つ人です。ですから、アメリカでも精神世界好きは、結構ハワイに集まりやすい傾向があります。中東の文化とかかわっている人が多いからです。

第3章でくわしく説明しますが、アトランティス系（大西洋にあったとされる大陸）かレムリア・ムー系（インド洋、太平洋にあったとされる大陸）かでも、どちらの前世がよりその人の今生と深い関係にあるかがわかります。

レムリアとかムー系は、芸術表現でいうと、どちらかというとアール・ヌーヴォー的な性格が強く出る傾向があります。曲線を駆使した風景を描きます。これに対してアトランティス系は、アール・デコ的な性格が強く、直線に価値観を置いて絵を描きます。

レムリアとかムー系の人は、とくにムーの場合ですが、球体や丸いものを地面に置くことが許されなかったので、そうしたものを上に持っていこうとします。塔の上にネギ坊主のような球形の構造物がある建物は、みなムー系、レムリア系と見なすことができます。ロシア正教の建物とか、中東の建物がそれに相当します。非常にムー的です。

一方、そのようなルールはまったくなかったアトランティス系の人は、丸い車輪を転がす車が発展するのが早かったわけです。レムリア・ムー系では車輪の発達が遅れました。

鉱石から探る前世の傾向

鉱石も、前世を思い出すための重要な素材になります。西洋では宝石や顔料として鉄の成分の多いラピスラズリが、日本ではアジュライトといって銅の成分が多い鉱石が使われていました。

岩絵具の紺青《こんじょう》色として使っていたアジュライトは霊感の石とされますが、ラピスラズリは非常に念力的です。西洋は発信が強く、東洋は受信が強くなります。日本で古くからパワーストーンとして珍重されていたのは、水晶、めのう、翡翠《ひすい》、アジュライト、それから辰砂《しんしゃ》です。これらは大切にされてきましたが、それらの鉱石はいい運を受ける、よいものを受信するという力を増幅させる石であることが多いのです。翡翠はややオールマイティの鉱石です。

一方、ラピスラズリの正体は、いろいろな鉱物と鉄分が合体したものです。鮮やかな青色をしていますが、黄色い部分がポツポツ入っています。この黄色い部分が青金石《せいきんせき》という岩石名からもわかるように、鉄と石が合体した部分なのです。この石によって発信力、つまり念力が強まります。調子が悪いときに念力を強めて、事態を切り抜けてV字回復したり、調子をよくしたりすることができます。

ですからどちらが好みかで、西洋での転生の比重が大きいのか、日本など東洋の転生が多いのかがわかります。

世界中に存在する石器文明の時代も、前世リーディングではよく出てきます。我々の文明は石に支えられてきています。不思議なのは、古代に遡ると、決して加工しやすい石を生活道具に使っていたわけではなく、やはり特殊な石の種類に、ある種の呪術性や霊的なバイブレーションを見出していたと見られることです。つまり、心が元気になったり、豊かになったりするような作用やストーン・パワーを持つ石を見出して、生活に使っていたことがわかります。

ネイティブアメリカンが使っていた石器と、日本の縄文人が使っていた石器には岩質において非常に共通点があるように感じました。一方、アフリカの石器では、同じような石器が出ています。たとえば、チャートやメノウという石はとても硬く、火打石《ひうちいし》としても使われましたが、なぜかそれを非常に苦労して加工して、矢尻などの石器に使っている場合が多いのです。ちょっとしたナイフのような石器もそうした素材の石でつくっています。

どの石にパワーを感じやすいか、愛着が湧くかを調べることによっても、ある程度前世を追うことができるのです。

日本には、ラピスラズリという石はありませんでした。ですから、ラピスラズリに感銘を受ける人たちは、その産地であるアフガニスタンや、主にアジアの乾いた地域に直霊が前世でいたことがある可能性が高くなります。

日本では定期的に、ラピスラズリがパワーストーンとして流行ります。その背景には、古代シュメール文明がかつて栄えたイラン、イラク、アフガニスタンなど中東周辺に前世で滞在していた人が多いからではないかと思われます。当然、古代シュメールに暮らしていた人も多いはずです。

日本は、土地面積の割合から見て、金の含有量が世界一ではないかとされています。金に惹かれる人は、意外と日本での転生経験が多いのかもしれません。

日本ではメノウや水晶、珊瑚《さんご》などが広く活用されていました。翡翠も、日本産がアジア一帯で最も高品質なものであった時代もありました。ちなみに中国では翡翠がほとんど採れず、ミャンマーや日本から輸入されたものが多く使われています。そのことを勘案《かんあん》すると、翡翠に惹かれる人はやはり日本にルーツがあったか、ミャンマー、あるいは同じく産地とされるロシアの一部とかかわりがあった人かもしれません。

もちろん、中国で翡翠が使われた歴史は古いですから、産出地でなくとも、翡翠が加工された璧《へき》や玉《ぎょく》と呼ばれる装身具に惹かれる人は、中国の安定した時代、翡翠に親しんだ裕福な階層に、直霊がかかわっていた可能性があります。

前世の傍証として鉱石を使う

イギリス女王エリザベス二世の逝去《せいきょ》と新国王チャールズの戴冠式《たいかんしき》で公開された王冠のメ

インの宝石は長らくルビーだと信じられてきましたが、実はあの王冠がつくられた当時、ルビーの本格的な加工技術はまだイギリスにはありませんでした。実際に調べると、ルビーよりももっと柔らかいスピネルという石の結晶の可能性が高まったようです。

こうした鉱石の情報は重要です。たとえば、小さな砂粒のようなルビーや、もっと加工がしにくい砂粒のようなエメラルドは、クレオパトラの時代にはどうも薬として飲用されていた可能性があります。

古代チベットなどにおいても、鉱物を含む様々な自然物を練って固めたものを丸薬《がんやく》として使用しており、そのなかには多くのパワーストーンのメニューまでありました。石を薬として飲むという習慣や文化もあったわけです。どの石をどういう状態で持つと心が落ち着くかということも、研究されていたようです。そうした効果や研究が前世の記憶と密接に結びついていることが多いのです。

このような歴史を知っていると、あるいは調べてわかるようになると、自分の見た前世がいつの時代のどの地域だったかが、よりはっきりしてくるわけです。

自分の好きな植物、シンボル、紋章も前世と関係があります。スイスの心理学者カール・グスタフ・ユングが神話や民族伝承に残る形やシンボルを「アーキタイプ（原型）」と名付け、人類の無意識のなかに普遍的に存在しているとの仮説を提唱しましたが、それらも古代宗教やその人の前世の記憶と深く結びついています。これらも前世の記憶を解き明かすカギとなります。

色の好みで前世を追う

鉱石に関していえば、色の好みの違いも前世に影響されます。

中東は赤や黄色が好まれます。ジャングルが多いアマゾンでは、赤と青、緑が好まれています。中国にいくと、今度は黄色と黒が重宝されます。日本はやはり藍《あい》色です。その国の古い時代に使われていたものを思い出すと出てくる色があるわけです。

ピンクと黒は、根本的なところで潜在意識を刺激します。中国では黒い下着はとてもセクシーだとされます。一方、日本や西洋圏ではピンクがセクシーとされます。

非常に深いところにあるリビドー（本能のエネルギーの正体のようなもの）、性にかかわる本能的なエネルギーと、黒とピンクはかかわっています。すごく気になる色なのです。

絵を描こうとしたときに、うまく描こうとしたら影、すなわち黒をはっきり描くと光が見えてきます。同様にピンクもちょっと使うと、他の色が映えてきます。前世によって、どちらに性的なインスピレーションを得るかの違いが出てくる可能性があります。

相術で知る
前世を探る方法10

この章の最後にご紹介するのは、相術で探る前世の方法です。手相からある程度、前世が見えてきます。

たとえば、**シルクロード沿いとか、人々が多く往来してきた基本的な場所に生まれ変わっている人は、オーソドックスな、三本の線からなる手相をしています。**

ところがこの三本線がバラバラに離れていたり、どれか一本なかったりすると、シルクロードから離れた場所からきている場合が多いのです。

シルクロードは、ちょうど人類の生命線として現れます。生命線が長い人はアジアでの生まれ変わりが多いようです。理由はわかりません。

基本的には真ん中の線をシルクロードに見立てて、下がアジア系、上がヨーロッパ系と見なすことができると思います。はっきりとして長いほうが、前世ではその地域の経験が長いと見ることができます。

手相と前世

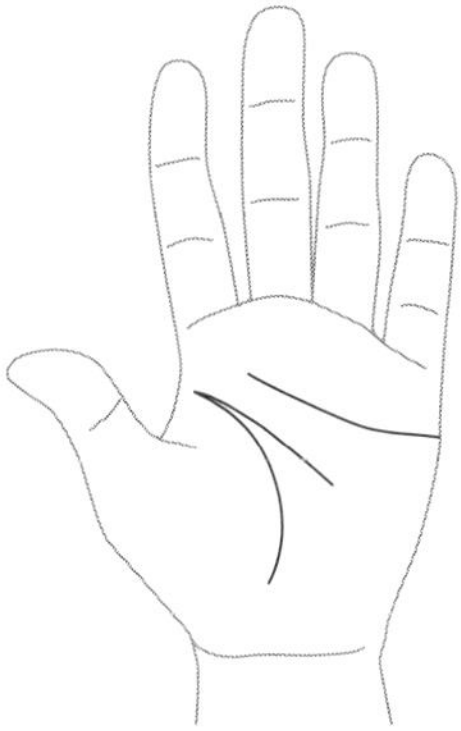

オーソドックスな3本の線がある人は、シルクロードなど人の往来が多い地域に住んでいた

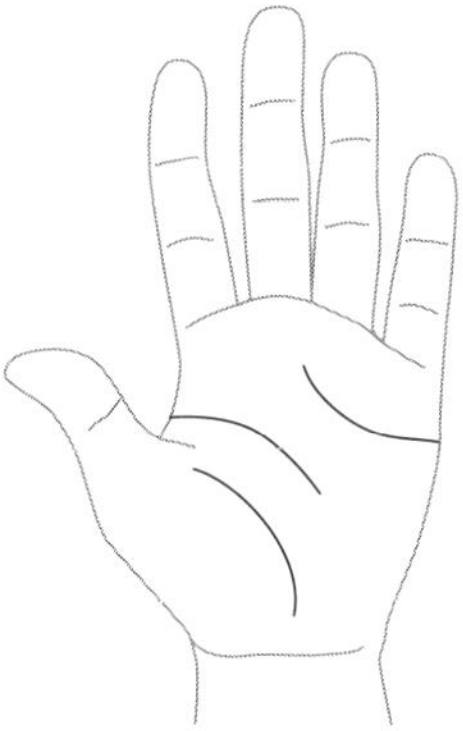

3本がばらばらだったり(図)、1本欠けていたりすると、シルクロードから離れていたところに住んでいた

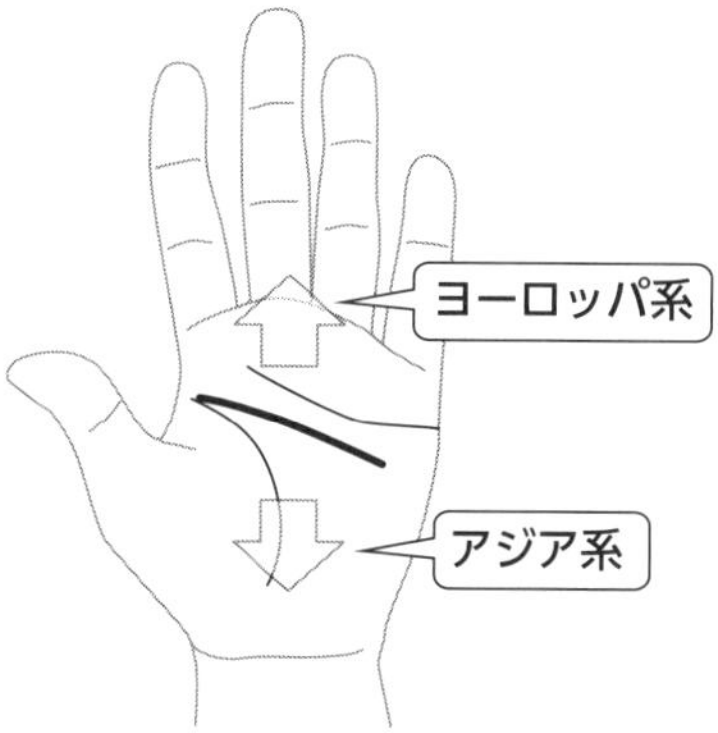

はっきりした長い線が、真ん中の線より上に多いとヨーロッパ系、下に多いとアジア系と読み取ることができる

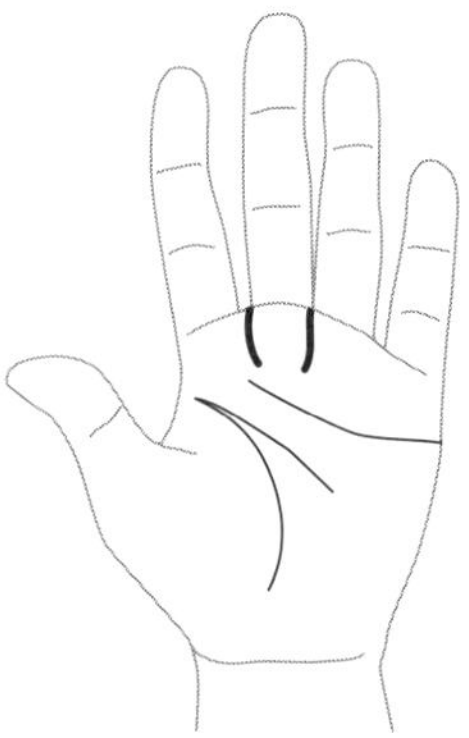

中指の付け根に2本の縦線がある人は、同時代にアトランティス大陸とレムリア・ムー大陸の両方に住んでいた

私の場合は、上下両方とも長いので、洋の東西を問わず、どちらでも生まれ変わっていたのかなと思っています。

手相の左は内面、古い潜在意識の過去で、右は現在を表わします。手相は基本的には右手で見ますが、**前世に関しては内面を表わす左手の場合がわかりやすい傾向があります。**

ごくまれに、中指のつけ根に縦の二本線がある人もいます。二本あるということは、アトランティスとムーのどちらにも同時代に生きたことと関係がありそうです。移住経験があるということではないでしょうか。その因縁で、源平合戦の時代や南北朝時代には、対立する両者の板挟みで苦労したかもしれません。

私の手相にもごく薄くですが中指のつけ根に縦の二本線があります。私の場合は、先祖がどちらも源平の両方に血があるので、どちらからも裏切り者扱いされて嫌われ、最後は岐阜で逆さ磔《はりつけ》にされた前世があります。加賀美《かがみ》（鏡、作鏡）家の時代です。弓祓《ゆみはら》いの元祖である加賀美家とは因縁があります。宮廷で初めて弓祓いをおこなって悪霊を追い出した一族です。個人的に追っかけていきたいと思っています。

縦線は基本的に開放的というか、新しい人間関係につながろうとする線です。私も基本的には上に縦線が多く見られます。前世を示す相として縦線が現れるのに加えて、親指を内側に曲げ、手を閉じたり開いたりしても縦線が増えます。手を伸ばすのは、誰かとつながるとき、誰かを導くときです。縦線ができやすいわけです。自分のことに関しては、つかむという動作が多くなります。

焦らずに、まずは糸口をつかむことが大切

いかがでしたでしょうか。この章では前世を思い出すきっかけとなる一〇の方法を紹介しました。

これだけきっかけを与えることができれば、直霊の前世が程度の差こそあれ、必ず感じることができるようになるはずです。あとは、それが本当に直霊の情報なのか、先祖と関係がある霊魂の情報なのか、あるいはただモノにへばりつく霊魄の情報なのかを、時間をかけてゆっくりと調べていけばいいわけです。

決して、すぐに結論に飛びつく必要はありません。必ず自分も納得のいく前世がわかるようになるはずです。焦る必要などまったくありません。

こんな経験をしたことはありませんか。

すっかり忘れていた子どもの頃の近所の友だちの存在を、ちょっとしたきっかけで、芋づる式に思い出した、というような経験です。その友だちからもらったモノが偶然、何十年ぶりかに出てきて目にしたとたん、その友人とどこでどんな遊びをしたのか、その人のの家族はどんな人だったのか、など、様々な映像とともに、一気によみがえる——。

いままで関係ないと思っていた事象も、思い出すことによって次から次へとつながっていきます。そして次第にあなたの過去世の全体像がわかってきます。

さらに不思議なことに、**前世の記憶はたとえ断片的であっても、ひとたび触れさえすれば、あとは放っておいても、どんどん前世の全貌《ぜんぼう》がわかるような事件や出来事に遭遇していくことが多い**のです。そのプロセスは、譬《たと》えていうならば、すでに持っている記憶を連想ゲーム的に思い出すようなものです。

最終的にはそれさえも、すでに知っていることをただ思い出しているに過ぎないことに気づいてきます。あなたのなかには悠久《ゆうきゅう》の宇宙の記憶があるのです。

それでは、前世がある程度わかるようになったとして、次のステップに進みましょう。前世の意味を知り、それをどう今世に役立てるか、です。

第3章

前世で体験したことを今世で、どう「活かす」か

前世をふまえ、今世をどう生きるか

前世に興味を持つ人の多くは、それが「今世とどうつながっているか」を知りたいと思っていることでしょう。今世の運命を決定している人生のシナリオを、前世のなかに求めるわけです。

前世を探る目的のなかには、確かにそうした面はあるでしょう。その際に知っておいたほうがいいことがあります。前世をどう捉えるかという問題において一つの重要なポイントは、「いろいろなパターンがある」ということです。

たとえば、前世で大きな出来事や体験があったとしましょう。それをあれこれ考えたうえで、今世ではその真逆のことをする場合もあるわけです。来世では真逆の生き方をしようと生まれてくるパターンです。

前世で「もうこういう生き方はこりごりだ」と思った人の多くは、真逆を選ぶ傾向があります。前世で学んだ生き方を卒業して、魂の分野として新天地を生きることを選ぶわけです。そういう思いから、前世で戦いに明け暮れた人が、今世ではたいへんな平和主義者として生まれてくる場合がそれに該当します。

逆に前世でずっと堅実な生き方を貫いてきた人が、刺激を求めて冒険家のような人生を望んで生まれてくる場合もあります。

俳優で「霊界の広報担当」を自称した丹波哲郎《たんばてつろう》さん（一九二二～二〇〇六）がよく話されていましたが、前世で敵同士だった人が今世では夫婦になっていることも多いといいます。前世で兄弟だった人が今世で夫婦になることも間々《まま》あります。

そうすることによって、様々な異なるパターンを学ぶわけです。このように反転するパターンは時々見受けられます。

欧米の研究でいくつかわかっているケースでは、シェイクスピアの『ロミオとジュリエット』のように宿敵の家族同士に生まれ変わったり、英西《えいせい》戦争で敵同士だったスペイン人とイギリス人の両方を経験したり、加害者側と被害者側、すなわち迫害する側とされる側を交互に経験したり、まるで人生ゲームのように大富豪と貧民といった真逆を経験するケースも多々見受けられるそうです。

その因縁が戦いであれ、憎しみ合いであれ、愛し合う行為であれ、やはり人に強い関心を持っている人は、強いつながりをもう一度体験したくて生まれ変わってくることが多いのです。つまり、人とぶつかり合うことも強いつながりだし、愛し合うこともとても強いつながりであるわけです。

ですから、生まれ変わりというものは、基本的には**その時代時代の善悪とか、道徳とか、宗教などに見られるルールを完全に超越してなされる**ものなのです。非常に不思議だと思います。

逆行的に生きるか、順行的に生きるか

その一方で、逆行的ではなく順行的な生まれ変わりもあります。

自分に引き寄せて考えたときに、前世でたとえば八〇年間生きたとして、ある社会のなかで、あるポジションを築いたとしましょう。専門職で、お店を営んでいたのかもしれないし、公務員であったかもしれません。それぞれの分野が自分にとってとても有益で、「ああ、本当に離れがたい職業だな」と思ったならば、来世でも同じようなポジションで同じような専門的な知識を活かす職業に就こうとするはずです。

要するに、オギャーと生まれてきたときに、今世での人生のありようの幅はある程度決

まっているように思います。よほどのことがない限り、いきなり宇宙人になって生まれ変わることはなく、自分の魂が持つ幅にちょうど合うような範囲で転生するように感じます。

生まれる前からある程度人生の方向性は決まっていて、だいたいこのように流れていくということがわかっているのです。小さい流れを逆行することは可能でしょうが、大きな道筋は逆行することはできませんし、その幅以上にはみ出すことはないわけです。

いままで人の前世を眺めてきて感じるのは、**基本的には順行で同じ方向に進むのか、あるいは逆に向かうのか、あるいはやや枝分かれした方向に向かうのかという選択肢がある**わけです。生まれ変わりには、そうした構造があるように思われます。

珍しいケースですが、人によっては、非常にモノにこだわって、モノとともに生まれ変わってくることもあります。たとえば、ずっとエメラルドを追ってきた人が、エメラルドに沿って生まれ変わってくる人もいます。そういう人は、今世でも宝石好きで宝石商を営んでいたりしても、「やはりエメラルドが好きです」というはずです。

そうしたケースを見ると、生まれ変わるということは、念じていれば、つまり何か心に引っかかる衝動があって、その衝動を強く握りしめていれば、生まれ変わることができるということです。しかも、順行だろうが逆行だろうが、そういう生き方をしてみてどういう意味があるのか、何がわかるのか、何を学ぶのか、といったことが非常に大切な意味があって選んで生まれ変わってくるのです。

順行だったとしても、それを選んだことによって、少しずつ方向を変えたり、新しい技を編み出したりして、発展的に変えていくことができるわけです。

そもそも**何度も生まれ変わって、同じような仕事をしていれば、その時の知識や知恵、そして技は、ある程度今世にも持ち越されます**。たとえば、細工《さいく》職人であれば、その作り方を覚えていて、生まれたときから天才的に上手《うま》かったりします。ですから、それぞれの分野で「あなたは生まれつき凄いね」といわれるようなことが起こるわけです。前世で同じようなことをしていた職人であったから、初めから上手いのです。

潜在意識は前世を覚えています。体に染みわたっているともいえます。そういう状態でスタートラインに立っていると思ってください。

目指す幸せは誰にも共通、ただ一つ

問題は、どのような生まれ変わり方をしても、幸せになるということが、どの人生においても主眼のテーマとなることです。

よく人生には人それぞれの幸せがあるといいます。確かにそのとおりかもしれませんが、生まれ変わりに関しては、「それぞれの幸せ」などありません。「幸せになる」という意味は、人類共通のものであって、一人一人違ってはいけないのです。

ですから、幸せになる法則は、人によってバラバラではありません。決まっています。家族に恵まれて、愛されたと実感し、愛情のなかで育って、だからこそ大人になってから愛情に満たされていて、人を愛することができる――これが普遍的な幸せの法則です。

自分勝手に好きなことをして、他人を傷つけても平気で喜んでいる人は、決して幸せにはなれません。人をいじめて幸せだといっているような人は、何億年経っても幸せにはなれないでしょう。

これに対して、人を愛して行動する人は、物もお金も得られます。自他ともに愛し愛され、幸せになることができるのです。

よくこういう生き方論の話をすると、「私は違う」「そうじゃない」「私はそう感じない」という人が必ずいます。とくに精神世界のなかには多くいます。しかし、逆立ちしようが騒ごうが、宇宙の法則は変わりません。私はそう思っています。

こだわりを手離せば軽くなる

自分の前世がある程度わかったら、次に考えなければならないことは、その前世をいかに今世に活かすかです。はっきりわかっていることは、前世と同じ過ちを犯したり、前世ではうまくいったことを諦めたり、取得した叡智《えいち》を手離したりする必要はないということです。

それともう一つ大事なことは、生まれ変わりは何度もあるということです。そして今世で思い出すいくつかの前世は、今世にも関係があるから思い出すということです。

以前、たいへん高度な、広い世界が見える守護霊のような存在に聞いたら、人間は、最終的に平均値で一四四〇万回生まれ変わるといわれたことがあります。つまり、一四四〇万回の転生をこなすために、この広大な宇宙が存在する、ということになります。ですから、より広い視点を得ることができるのであれば、一回の前世の失敗で、くよくよすることも、こだわり続ける必要もまったくないのです。

とにかく前世の癖や習慣、とくに悪習慣は引きずらないことです。

私が催眠療法の講座を開いていたとき、身体が萎縮《いしゅく》してしまう症状の病気だという男性が参加していました。その病気のために歩くのも困難だということでした。

彼は催眠中に自分の前世を見たのですが、犯罪者として城に幽閉されていたそうです。そのことを延々と泣き叫びながら語っていました。私はその場で、「その気持ちを全部吐き出しなさい」といいました。そうやって催眠から目覚めたのです。

それから四か月くらい経った頃、私は地下鉄のなかで偶然その人に会ったのですが、普通に歩いていました。このように、前世を思い出すことによって、潜在意識のなかにある漠然とした不安が解消され、今世に劇的な変化をもたらす場合があります。

もちろん、前世を思い出したからといってすべての人が彼のようになるわけではありません。ただ、そういうケースがあったのは事実です。

それから、強迫神経症の人、つまりあれこれ極度に物事を心配し過ぎたり、潔癖症だったりする人は、前世できちんとしたくてもできないような環境にいたのではないかと思われます。

たとえば、虫が多い場所とかカビが生えやすい場所にいたりして、住まいを清潔に保つことが難しい経験をしているので、今世でもそうしたことが気になってしまうわけです。

清潔にすることはいいことですが、あまりにも度が過ぎる人は、前世にとらわれ過ぎている嫌いがあります。

前世の恐怖体験は今世にも影響する

火事が怖いという人も、前世からの影響である可能性があります。実は私もその一人です。

私は前世で一回、火事で焼け死んだことがあります。その前世の私は、造り酒屋に奉公している若者でした。その店には大きな神棚があって、あるとき主人から「お燈明《とうみよう》を灯《とも》せ」といわれて、踏み台を上がって神棚のろうそくに火をつけたのです。すると、それがポトッと落ちて、近くにあった油に燃え移りました。そして火事が起こって私は火だるまになり、焼け死んだのです。

それで今世でも、私は神棚にろうそくを灯すことができません。火を灯そうとすると、調子が悪くなるのです。もちろん前世において火事で焼け死んだ自分がいたことがわかっただけでも、かなり恐怖や不安は軽減されています。私の克服しなければならない癖の一つだと思っています。

ただし、それとは別の理由でも私は、火のそばに長時間いると、つらく感じます。炭火は大丈夫ですが、赤く焼けた鉄のそばにいると気持ちが悪くなります。このことから、鉄や火を文明のシンボルとする人たちと戦った前世があることがわかります。だからといって、火と鉄が全然だめだということもありません。

その反対に水が苦手な人もいます。プールに入るのが怖い、水を張った洗面器に顔をつけるのがきついという人は、水の事故で亡くなった前世がある可能性があります。

ヨーロッパ圏の人に多いのは、森が苦手だという人です。森を中心とする民と対立した前世や先祖記憶が浮かび上がってくるからです。

前世の経験から特別なシチュエーションがダメだという人もいます。

たとえば、電車とか新幹線に乗るとパニックを起こす人がいます。ところが、自分の身内の車には乗れます。車のほうが狭いですから閉所恐怖症ではないわけです。

ではどうしてそうなるかというと、カギは長距離移動にあります。前世で長距離移動の最中に命を失ったので、長距離移動をすると気分が悪くなったり、発作を起こしたりするわけです。とくにスピードが速いとダメだという場合もあります。

しかしそうであっても、その理由さえわかれば、気分の悪さはかなり軽減されます。あるいは、ゆっくり車で移動するのなら大丈夫だという場合もあります。

尖ったものがダメだという人は、槍など尖ったもので殺された前世の記憶を持っている場合が多いようです。いわゆる先端恐怖症です。一般的には先端恐怖症には理由がありませんが、その理由は前世にあることが多いのです。

前世の理不尽な死に方を乗り越える

前世での死の理由が、今世の心身に影響を与えるということは、確かにあります。たとえば、前世で乗り物の事故に遭った人は車が怖いし、生きたままお棺に入れられるなど、閉じ込められた経験のある人は閉所恐怖症になりやすいのです。逆にいうと、その人の怖いものを調べると、その人が前世においてどういう死の経験をしたか、ある程度わかるわけです。

実は私は、高所恐怖症でもあります。どうしてかというと、前世で絞首刑になったことがあるからです。

その前世での私は、ある勢力争いに巻き込まれ、冤罪《えんざい》によって村八分にされ、さらにリンチにあって処刑されてしまいました。そのときの映像をはっきり見ました。

首に縄をかけられた私を、村人たちがギリギリと引っ張って、上まで引き上げていくのです。最初私は、「どこかでこの縄を外せば、生き延びられる」と思っていました。

ところが、ある程度の高さになると、今度は首の縄を外したところで落ちて死んでしまうのがわかりました。それで迷っていると首がグキッと鳴り、ブツッと意識がなくなりました。死んだのです。

普通はこのように鮮明な死の記憶というものは、だいたい消えてしまいます。にもかかわらず、なぜ、火事と絞首刑という二つの前世の死の記憶がこうも鮮明によみがえったかというと、それが〝理不尽な死〟だったからだと思います。その理不尽さを学び、分析するのが、実は今世の私の使命であるとも感じています。

理不尽な死に方をした人が浮かばれずに、人々を恨み、地縛霊《じばくれい》になるということがあります。私は今世では霊的なカウンセリングをしていますが、自分の前世の記憶を通して、そうした理不尽な死を迎えた人の無念さを理解するという天命があって、思い出したのだと思います。いま、霊能者として生きている私が、そうした霊の気持ちに共感できるように、この二つの前世の死の場面を思い出したのでしょう。

自動修正機能で悪循環を断つ

前世で経験した死の場面の話はそれとして、前世自体の経験をつぶさに見ていくのも大事な作業です。前世を知り、それを分析することによって、今世の意味を知り、天命を知ることが可能になるからです。

たとえば、前世では犯罪者だったとしましょう。しかし、今世では犯罪者ではないならば、それは「犯罪を習慣的に繰り返す人生など受け入れたくない」と思ったからこそ、今世を選んできたと考えるべきなのです。これが広い視点です。

つまり前世で悲劇のヒロイン（ヒーロー）だったとしても、なぜ喜びのヒロイン（ヒーロー）になれなかったのかを考えてそれを実行するのが、今世のあるべき姿なのだといえるわけです。

前世を思い出すだけでは意味がありません。大事なのは、その経験と教訓をいかに今世以降に活用するかなのです。

一番よくないケースは、「俺は前世では悪い奴だったから、今世でも悪に手を染めてやろう」とか、「今世で不幸なのは、前世でやった悪事の報いで、よくなることはない」などとマイナス面ばかりを考えることです。そのような考えでは、同じ過ちを何度も繰り返すだけです。

そうすると、ますます自分は不安になり、自信を失ってしまいます。可能性は閉ざされ、暗闇の繭《まゆ》に閉じ込められたような状態になります。

問題は、どのようにしてその悪循環を断ち切り、次に進むかです。

その方法の一つは、前世の自分を俯瞰《ふかん》的に見ることです。「あのとき俺はネガティブな感情を抑えられなかったから、悪事に走ったのか」とか、「ああ、私はこんなひどいことをやっていたから、不幸になったのか」と自己分析することです。要は自分を不幸にした原因を見つけ出し、それを正せばいいのです。

たとえば、今世で誰かのことを許せないと思ったとします。ところがその人の許せない面というのは、自分のなかにもどこかあるわけです。「そうか、自分のなかにもこんな悪い面があったんだ」と受け入れた瞬間に、それに対してこだわらなくなったり、客観的に見ることができるようになったりするのです。自分のなかにある自動修正機能を使ってください。それは誰もが持っている能力です。

転生は学ぶためにある

前世が王様や女王様であった人もいるでしょう。ここには、また別の落とし穴がありま
す。自分が前世で王様や女王様であったから、自由に自分勝手にしていいのだと思ってし
まうことです。前世を理由にして自己中心的でもいいと考えるとしたら、それはとんでも
ない間違いです。

むしろその貴重な前世の経験の意味は、仮に横暴な王様や女王様であったとしたら、そ
れを反省して、いかにしたら誰からも尊敬されて愛される王様や女王様になれるかという
ことにあるのです。それが本当に学ぶべきことなのです。決して横暴や傲慢《ごうまん》が許されるわ
けではありません。

**前世が王様であろうが、犯罪者であろうが、転生には必ず意味があり、何かが欠けてい
たり、不十分だったことに気づいたり、学ぶべきことがある**わけです。

前世が何ともダメなふがいない人生だとしたら、それを恥じて、今世ではそうならない

人生を設計すればいいのです。専制君主のように傍若無人《ぼうじゃくぶじん》に振る舞って人々を傷つけたのだとしたら、そうならないリーダーシップを考えて、人々が幸せになる指導者になるよう努力すればいいのです。

自分の問題点を見つけ出し、問題があればそれを恥じて反省し、改める。生まれ変わりはこの連続です。

それは今世だけに限っても、同じことがいえます。仮に前半生でうまくいかなくても、自分の悪いところは恥じて、反省し、そして改めればいいのです。そうすれば、後半生はまったく違った自分を見出すことができ、幸せへと歩んでいくことができるはずです。

前世の教訓や体験を正しく理解すれば、迷いなく今世を歩むことができるのです。私が知っているいくつかのケースをご紹介しましょう。

前世でやり残したことを、今世で成就する

前世のつらい体験が無意識の世界に閉じ込められたままになっているせいで、前世不安症というか、ある種の人生の壁にぶつかるような悩みを抱えている人も大勢います。

私のある知人のケースを紹介しましょう。その方は男性の弁護士で、子どもの頃から「勉強しなさい」と両親からいわれ、猛勉強して東京大学に進みました。卒業後は弁護士の活動をしながらも、なぜか心に穴が開いている感じがして、その穴が埋まらないといいます。仕事も順調で、素敵な奥様をもらい、子どもにも恵まれましたが、満たされない感情があったそうです。

前世リーディングで見えたのは、中東方面の民謡のような歌を歌っている姿でした。非常に美しい声で、歌も上手《うま》かったのです。それが非常に強く見えてきました。当然、その能力は生まれ変わった今世でも持っているはずですが、その人の今世での職業は弁護士。声を出す要素が大切な仕事なので、まったく関連がないわけではありません。

見たところ、バリバリ仕事をして幸せな家庭を築いているわりには、精気があまり感じられない目をしていました。前世の流れに乗った、滑らかな生き方をしていれば、実はそのような目にはなりません。前世からの流れをつかみ、来世まである程度見極めている人、目的をはっきりと思い出せて、真っ直ぐ目的に向かって進んでいる人は、目の輝きが違います。

今世での悩みにおいて、最初から前世に答えを求めるのは短絡的で好きではありませんが、今世の仕事で頑張っているのに満たされないという点に、深刻な問題が隠されていると感じて、相談にのることにしたのです。

すると、その人は確かに歌手としての前世の記憶を持っていました。ところが、生まれてから生みつけられたもの（霊魄《れいはく》）や、先祖たちの期待値（霊魂）によって、霊的な、分厚いペルソナを被《かぶ》ってしまっていることがわかりました。

さらにリーディングしていくと、ある重要な儀礼のメイン舞台で、歌を歌うことでその場を清めて浄化させる、いまの概念でいうとお祓いに近い、たいへん重要な仕事をしていた大歌手だったことがわかりました。

今生《こんじょう》の法廷で弁護士として啖呵《たんか》を切ったときの姿は、おそらく大歌手の前世と重なるものがあったと思われます。

その前世での成功の記憶があまりにも強烈だったために、今世でもその人には歌を歌いたいという思いがあることがわかりました。中東の前世においては、大きな儀礼が年に数回ありましたが、そのときにしか歌わせてもらえず、もっと歌いたいという思いを残していたのかもしれません。思うように歌わせてもらえなかったという、自分の不安定な仕事に対するわだかまりも持っていたようです。

そのような前世があったために、今世ではまず自分の立場を安定させてから、喜びとして、つまり趣味として歌いたいという思いも強かったのだと思います。安定した職業に就いて歌を歌った場合に、どれだけ自分の歌を研ぎ澄ませるのかを知るために今世に生まれてきたように感じました。

そのことをその人に告げると、彼は「実は、若い頃は歌手になりたかったのです」といいます。合点がいくところがあったのでしょう。その後、彼は趣味として歌を歌っています。非常に上手いので、いろいろな場所に呼ばれてライブ活動をおこなったりして、認められていると聞いています。のちに、そのような手紙をいただきました。

悲しい前世と向き合うことで昇華する

どうしても子どもを産む気になれない、という女性の前世を見たこともあります。

すでに結婚をしており、両親からは「早く孫の顔が見たい」といわれ、夫もそれを望んでいましたが、どうしても産みたいと思えずに、期待値の高さに耐えきれない思いをしていました。

問題は、本人がなぜ子どもを産みたくないのか、自分でも理由がわからなかったことです。彼女は子どもを産むのが決して怖いわけではなかったといいます。自分も子どもが欲しかった。ところが、産むという方向に意志が向かわない自分がいました。妊娠を試みても、うまく子どもが授かりません。

奇異に思って、彼女は私のところに相談に訪れました。そこで前世をリーディングしたところ、前世で彼女は子どもをたくさん授かりましたが、その村の独特の儀礼・儀式のために、生まれた自分の子どもが人身御供《ひとみごくう》として山の火口に遺棄されてしまう場面が見えてきました。大自然の荒ぶる神を鎮めるために、生贄《いけにえ》として捧げられたわけです。

その時代においては、彼女は村の掟《おきて》に従わざるを得ませんでした。それでも本人には、悲しい、苦しいという思いが強くあって、次に生まれた何人目かの子どもは隠して育てようとしました。ところがそれが見つかってしまい、とうとう本人も生贄にされてしまいました。

そのときの強い思いが、今世に引き継がれていました。だから今世で子どもを持つということを考えたときに、すぐに理由のない不安が広がったのです。その理由なき不安が、彼女の体と心を閉ざさせる原因になっていたわけです。

当時（一九九〇年代初め頃）私は、前世を思い出すための手段として退行催眠（催眠術で記憶を退行させて、前世を明らかにする）をボランティアでおこなっていました。前世の記憶を本人が思い出し、吐き出すということを十数回にわたって実施しました。

その結果、過去世の恐怖に対しては、ある種の催眠や瞑想的技術を使って、何度か前世を思い出したり向き合ったりして「もう時代は変わったのだ。その恐れはなくなったのだ」と言い聞かせることによって克服することができるようになることがわかりました。過去の恐れを全部吐き出させると、その前世のトラウマが消失するのです。

出産不安症だったその女性も、その後、二人の子どもに恵まれて幸せに暮らしていると聞いています。前世を思い出すことによって問題を理解して、癒やされて、納得して前に進める場合が多いのです。

この二つの例は、前世リーディングや退行催眠によって前世を知り、前向きに人生を送れるようになった事例ですが、これまで紹介したとおり、第三者に頼らなくても、自分の前世や天命を自分で知ることは可能です。

前世がわかったら、前世で自分と因縁のある場所を訪れてみるのもよいでしょう。**その土地や人々に対する理解を深めることは、非常によい結果を生むことがあります。**

たとえば、先祖が敵対した場所や人間、あるいは前世で非常に嫌な思いをした場所や人間に対峙すると、鼻の奥が焦《こ》げたような、乾いたような感覚を覚えます。変な臭いがすることもあります。それらはある種の「渇き」です。目と鼻のあいだくらいに、焦げたような、乾いたような臭いと渇きを感じます。この感覚が出たら、その場所が、前世や先祖において敵対するような相手が支配していた難しい場所やつらい場所であったことを示しています。

しかし、だから今世でも嫌いになりましょう、ということでは決してなくて、**前世や先祖において、なぜそういうつらいことが起こったのかを理解して、そうならないように努力すればいい**のです。その土地や人のよい面を見ようとすることです。

嫌悪や憎悪という因縁を繰り返したら、結局戦争になるだけです。ですから嫌だと思った土地でも人でも、必ずよい面を見つけ、理解するように努めることが大切です。

前世とのバランスをとる

前世というテーマに関しては、今世にとってマイナスになる前世の記憶が、無意識と顕在意識のあいだの中層を漂っているような感じを受ける場合があります。

そういう中途半端な状態の人に対しては、退行催眠で前世を思い出してもらったり、私がリーディングしたことをストレートに話したりして、その人に前世と向き合ってもらうということが非常に有効であると思っています。その作業によって、本人が悟りを得て、前世の負の記憶が消失する場合が間々あるからです。

前世だろうが、来世だろうが、いま自分の力の使い方に偏りがあるから満たさない場合が多いのです。その偏りを正さなければなりません。バランスをとらなくてはならないのです。

私の場合は、推古天皇の側近としての前世と、崇神天皇と先祖が関係したという感覚があることはすでに申し上げたとおりです。崇神天皇はハツクニシラススメラミコトと呼ばれていることからわかるように、日本国建国にかかわった天皇ですから、日本に生まれてきた人は何かしら先祖がかかわっていたと思われます。

ですから前世というより、霊魂の情報であることが多いわけです。実際、私の先祖は清《せい》和源氏《わげんじ》系とされていますから、崇神天皇の子孫であると考えることができます。

ただし、崇神天皇とは霊魂の情報とは別に直霊の前世でも何かしら関係があったのは間違いないようです。

一方、日本最初の女帝とされる推古天皇は、子どもがいたわけではありませんから、遺伝的な直系はあり得ません。だからこの時代の記憶は、先祖というよりは、直霊が体験した前世の可能性のほうが高いのです。ただし、先祖は霊的なことにかかわっていますから、推古天皇の周辺に先祖がいた可能性はあります。

私がいま霊能者でいるのも、実は先祖からきています。しかし、前世で霊能者だったことはそれほど多くありません。最初私は、何か前世で霊能力的なことにかかわっていたから、今世で職業能力者として生きるようになったのかと思っていました。ところが、私の前世を追っかけていくと、逆に霊能力者として精神世界にかかわっている前世は少ないのです。

そうした見えないものよりも、非常に現実的な灌漑治水《かんがいちすい》工事とか星空の観測とか物質的なモノの本質を調べたりとか、自然の草木を探したり、石を集めたり、薬になるものを探したりしている前世のほうが圧倒的に多いのです。

私の直霊は、比較的博物学的なことに興味があって、自然界に興味がありました。その前世の様々な記憶と、先祖がおこなってきた霊的なことの流れとが今世では一致して、いまの自分が形成されているように思います。

前世の意味を浮き彫りにしようと思ったら、先祖が何を持ってきたか、何を今世の自分にもたらしたのかをよく見る必要があります。そのことを私の場合を例に挙げて説明しましょう。

超古代の因縁が、今世にまで引き継がれることも…

日本における生まれ変わりで私は、崇神天皇の時代に神職を務めたのち、推古天皇に仕え、ほかには僧侶として何度か生まれ変わったことがあるようです。宗教に多くかかわってきていることを感じます。もちろんすでにお話ししたように、農民のときもありました。

比較的近い日本での前世としては、江戸時代に幕府を監視するために朝廷からスパイとして送り込まれた忍びの一門であったときがあります。江戸幕府は当時、静岡の梅ヶ島から軍資金となる金を大量に発掘して運搬していましたが、我々一門はその運搬道路の中間地点である久能山《くのうざん》に集落をつくって暮らしていました。

私はスパイとして優秀に働いていましたが、江戸幕府の後見人であった天海大僧正《てんかいだいそうじょう》の一門に超能力でスパイ行為を察知されてしまいました。そのため私は、久能山東照宮《とうしょうぐう》の脇の、当時、赤沢と呼ばれていた場所で虐殺されてしまったのです。なぜ虐殺されるような運命になったのかというと、私のより古い過去世において戦いや争いに巻き込まれたときに生じた因縁事を解消するために殺されたことがわかってきました。

そもそもの因縁は、かなりの昔、レムリア・ムー文明とアトランティス文明が共存していた時代に遡ります。

第2章でも少し取り上げましたが、実は失われた太古の文明ともいうべきレムリアやムー、それにアトランティスは実在し、現代に転生してきた多くの人がレムリア、ムーやアトランティスの前世を経験しているのです。

米国の女優・シャーリー・マクレーンもその一人で、自著やインタビューでレムリアとアトランティスの前世の記憶があることを明かしています。

その時代の私の前世の体験をお話しする前に、レムリアとムー、そしてアトランティスの関係を説明しておきましょう。そのどちらに属していたかは、今世にも影響を与える、重要な要素だと思うからです。

東洋的な価値観のルーツとなったレムリア

おそらく二万年くらい前なのでしょうか、正確にはいったいどれだけ太古の昔の話なのかはわかりませんが、かつて海に囲まれた巨大な島がありました。おそらくいまの太平洋を半分以上覆いつくすくらいの事実上の大陸で、「パン大陸」と呼んだり、国名を「パン」と呼んだりしていました。

ある特定の場所から太陽が昇る時期においては、この大陸を「神とその座」という意味で「レムリア」と呼んでいました。レは土地、あるいは座という意味で、ムは神という意味です。リアはそこで「一致する」ということです。つまり神の座であるパンと、至高なるムが一致して、そこに神聖な巨大な空間が生まれるわけです。その空間が誕生したときの土地をレムリアというのです。

このレムリアは、いわゆるムーの原型に相当する文明です。レムリア文明の後期にムー文明が現れます。ムーやレムリアは、一つの国ということではなく、正確にいえば、レムリア・ムー文明圏です。現代の地球でいうと、太平洋から東南アジア、インド洋にかけて

消えた古代文明の3つの大陸

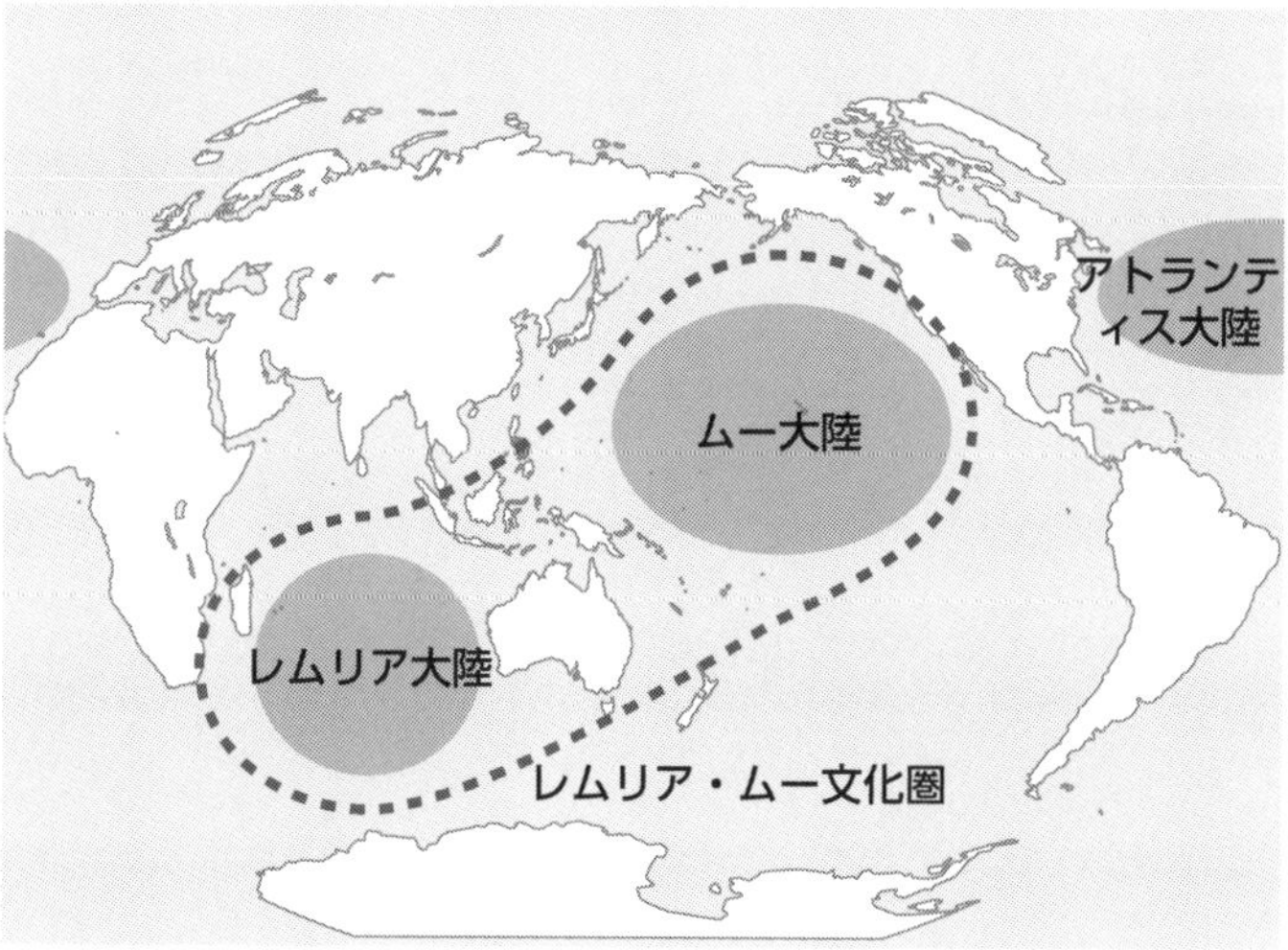

存在していました。アトランティスは大西洋にありました。

　レムリアは、地球文明でいうとオーソドックスの極みともいうべき文明です。今日のイメージからいうと、非常に東洋的であり、かつ階級的でもあり、そして儒教的という感じがします。

　つまり「人間は何のために生きるのか」という設問の答えが「人間は神のために生きる」かつ「神の代理者のために生きる」であり、言い換えると「神の代理者という立場をとった権力者のために生きる」というふうに、社会制度がたいへんしっかりしているのです。したがって、古代インドでおこなわれていたカースト制度は、レムリアの記憶における名残であり、やや窮屈な業《カルマ》の表われであるように思います。いわゆるムーもレムリアの歴史的延長線上に存在しており、場合によってはほとんど同じ意味で使われます。

私のリーディングによると、このパン、またの名レムリアを最初に開いたのは、「エル」と呼ばれる一門です。このエルの一族からルーサルモ、またはサーエル、ラーエルという代表的な門派が分かれ、統治国家が発達しました。

創建時にはエルサルモンという宗教的指導者がいて、国を治めたようです。彼は自分の子孫には跡を継がせず、一門から八人を後継者に選びました。当初は王政ではなく、選ばれた政府によって国は守り治められました。

この国では建物はすべて美しく、すべて石でできており、磨き抜かれた玉や球を地に置くことは許されず、すべての球体は地面から離されて、巨大な屋根のような建物の上に飾られました。玉の彫刻物は太陽と同等とされ、力の根源と見なされました。

先端が球状の建物はいわゆるネギ坊主のような形で、その形は今日でもイスラム教寺院や仏塔などで見ることができます。

国の創建者エルサルモンは、独特の直感と感性を持って太陽の神界政府の中心にある「意志」と接触、その教えをまとめた『太陽の書』という教典を制定しました。その教典を基に統治されたようです。

自由と科学への志向を象徴するアトランティス

レムリアもムーも太陽信仰、すなわち、太陽＝神という文化がありました。現在日本が「日《ひ》の本《もと》」として、国旗に太陽をデザインしているのは、レムリアの影響が強いように思われます。

しかしそれは同時に、原理主義的で不便な面もかなりあったようです。信仰が厳格に守られていた時代においては、球体を地面に置くことは絶対に許されていませんでした。球体とは神が宿る形だと信じられていたからです。

そのため、前述のとおり球状の車輪の発達が遅れたりするなど不都合もあったようです。一方、球体が地面に接していなければいいという理由で、同じ球形でも気球のようなものは非常に進化しました。

また、当初は選ばれた人間が統治していたわけですが、やがて初期に選ばれた、精神的修行をした八人の指導者の家系が代々、国を司るようになっていきました。ところが、世襲制の王政になると、優秀な人が出る場合もあれば、とんでもない人が出る場合もあります。そのため、王家がいくつかに分裂し、対立して闘争する時代もあったようです。

こうしたレムリア文明の持つ窮屈《きゅうくつ》さやつらさに耐えられなかった人たちが移住して、移住先の先住民と闘争を繰り返してつくった新文明がアトランティスだったのです。それは、イギリスやアイルランドで不遇な生活をしていた人々が新天地を求めてアメリカに移住した経緯に似ているといえるかもしれません。

アトランティスはレムリアから見て東の方角にありました。

アトランティスでは、レムリアに対する反発心から、まず丸いものを地面に置くことから始まりました。たとえば、断面が丸い木の幹などを使って車輪にして、そこに四角い石をのせて運ぶなどして巨石を組み上げる作業をしたわけです。丸いものを石の下敷きに使うなどということは、レムリアでは到底考えられないことでした。レムリアに対して「私たちの文明は自由だ」という主張が込められていたのだと思います。

アトランティスはまた、精神力をコントロールする技術や超能力的技術に長《た》けていたようです。レムリアと違って石よりも金属を重用し、最終的にアトランティスは、特殊な鉄の精製方法や、放射性物質の利用など近代科学に匹敵するような科学を発展させました。しかし同時に、原子力を使った科学が人間の精神力や超能力に悪影響を与えることもわかってきたのです。

さらに、ある金属、あるいは鉱物に念力をチャージすると、その金属や鉱物そのものが念力を持ってしまい、これを持った人はとくにトレーニングしなくても無秩序に念力を出せるようになることもわかってきました。本来はいろいろな職業経験のある人が、それに見合った能力を持って維持するという、ある種超能力のルールがあったのですが、こうした物質の出現によってルールも崩壊してきてしまったのです。

そうした不安定な時期に、レムリア王室の王子がアトランティスに移住してきました。これが実は、新たな波乱要因となったのです。

人類が経験した大惨事と大陸沈没

このレムリアの王子のアトランティス移住には、私の前世も絡んでいます。

レムリア時代の晩期にはレムリアは一六の王家に分かれていたのですが、そのなかの一つである王家の後継者、つまり王子が、いまでいうアメリカのような超大国であったアトランティスにいきたがったのです。

私は、その王子を護衛する武官の一人として一緒にアトランティスに渡り、パルアルアという小さな港町で漁師に扮して暮らしたことがあったのです。

お忍びであったため直接的な介入などはしなかったと思うのですが、レムリア王家の人の移住は間接的あるいは霊的に、政治的な摩擦を加速させる要因になりました。アトランティスは次第に、急進派と穏健派のあいだで政治的な闘争にまで発展していったのです。

つまり当時のアトランティスは、宗教的なことや精神的なことよりも科学至上主義的な科学原理主義ともいうべき思想が横行するようになっていきました。

自然との共生の理念は軽んじられ、すべてを機械で制御しようとする風潮も生まれました。これに対して穏健派は宗教的なものや精神的なものの重要性を指摘、科学と精神のバランスをとるべきだと説いたのです。一種の宗教と科学の大きな対立が発生し、いつ戦争が起こってもおかしくない状況になっていきました。

その危うい状況のなかで発生したのは、前述の超能力増幅装置に絡む、抑圧された人々の潜在意識の暴走です。当時、超能力開発装置を使って人間に強力な暗示をかけて一部の人々を奴隷化するような事態が起きていました。

ところが、奴隷化された人々の奥深くに眠る抑圧された想念や怨念が膨れ上がり、想念と連動していた原子力システムが暴走し始めたのです。同時に電子マネーを制御していた中央管理システムも破綻《はたん》、大パニックを引き起こし、最後は分子レベルまで崩壊するような大破壊が起きました。その影響は当然自然界にもおよび、アトランティスだけでなくレムリアも巻き込んだ地球規模の大災害へとつながりました。

そのときの光景はくっきりと脳裏に焼きついています。

高さ五〇メートルはあろうかという巨大な壁のような津波が押し寄せ、人間が衝撃波で空中に放り上げられ、エンタシスの柱が自分に向かって倒れてくるのを思い出します。それはもう、決して忘れることができない光景です。

アトランティス大陸沈没のあおりを受けて、レムリアもムーも、ほぼ同時にすべてが沈みました。まさに大災害でした。一回で沈みました。実はこのとき、別の次元に対しての爆発が起きていたのです。別の時空に放り出されたと見ることもできます。信じられないかもしれませんが、向こう側の、別の時空で生き延びている人たちもいるのです。その生き延びた人たちが戻ってきているのが、宇宙人であると見ることもできます。

「Lシフト」と私が呼んでいる次元シフトに近い現象が起こったのです。そういうことが起こったのだということをライオンの「L」のシンボルで残しているのです。ライオンのシンボルというのは、スフィンクスとか狛犬《こまいぬ》、あるいはイースター島のモアイのことです。これらは次元シフトが起きたことを示すメモリアル（記念碑）のようなものなのです。

ライオンは、別の時空にいってしまった人たちへの鎮魂《ちんこん》の意味があります。残った人たちが、別の世界にいってしまった人たちのために建てたのです。元々は消えた方角に向けて鎮魂のために建てられた建造物だったのです。二度とそういう大惨事を起こさないようにしようという誓いのようなものです。

大陸沈没は、神話や前世の記憶として語り継がれた

このアトランティスやレムリア、ムーが沈没した話は、ノアの方舟《はこぶね》の洪水神話などとして世界中に語り継がれています。それが、アトランティスやレムリアの話であるとしたのは、一九世紀の神秘思想家・ヘレナ・ブラヴァツキー（ブラヴァツキー夫人、一八三一〜九一）が最初です。古代ギリシャのプラトンを除いて、それ以前には大陸が沈没した記録はない

ので、当初、アトランティスやムー大陸の話はフィクションだと考えられました。

あとで詳しく説明しますが、前出のエドガー・ケイシーも、ブラヴァツキーの影響を受けているといわれています。彼は、ブラヴァツキーの説を当たり前として継承しています。近代アメリカとアトランティスのイメージを結びつけたのは、ケイシーです。

アトランティスに前世を持つ人たちがアメリカに転生していることは事実ではあったのですが、ブラヴァツキーがこのイメージをつくり上げたのです。ですから多分にブラヴァツキーのフィルターを通してアトランティスを見ている人が多いのです。

もともとアメリカには、アトランティスで非常に神秘主義を持っていたムーの系譜の人たちが生まれ変わっています。その人たちがつくった国家だったので、アメリカは非常にスピリチュアルなのだということもできます。

神智学の祖・ブラヴァツキー

「ナチスの聖書」といわれ、現在は実質的に発禁本扱いになっているアルフレット・ローゼンベルクの『二十世紀の神話』でも、アーリア人（インド・ヨーロッパ語族の諸言語を話す人々の総称。ナチスドイツによって、ゲルマン民族の優越性の象徴として使われた）

の起源をアトランティスに求めています。一九三七年に出版され、翌三八年には日本でも中央公論社から邦訳版が出版されています。

この考えは、アドルフ・ヒトラーによって、反ユダヤ主義を掲げるナチス運動の思想的支柱として利用されました。ナチスのプロパガンダとして利用されたわけですが、これほど熱狂的に受け入れられたのは、アーリア人伝説がいい加減に捏造《ねつぞう》された歴史論ではなくて、やはり前世の記憶からきている可能性が高いからだと思われます。多くの人はおぼろげながらその記憶を潜在意識のなかに持っていますから、それがヒトラーによって都合よく捩《ね》じ曲げられ悪用されたというのが真相ではないでしょうか。

実際アーリア人は、アトランティスの神秘的転生組を象徴した言葉だと思います。

結局、アトランティス滅亡の背景にあるのは、人類が半ば必然的に直面する対立や衝突というトラウマにあります。**古い伝統と新しい科学という対立、信仰と合理主義との対立、民族と民族の対立、王政と共和制との対立、文明と文明の衝突——私たちがなぜ主義主張にこだわり、ぶつかり合うかというすべての答えが、この二律背反的な命題のなかに根深く存在している**ように思われます。

実際、アトランティス滅亡の因縁は非常に深く、好むと好まざるとにかかわらず当時私たち全体の集合意識が望んでやってしまったことを、私たちは歴史のなかで何度も繰り返してきてしまっています。

たとえば日本では、出雲系と伊勢系（出雲族・スサノオと、天孫族・アマテラス）の争い、源氏と平家の戦い（源平合戦）、南北朝の対立、幕府と朝廷の確執など、二極の対立が歴史の背景にあります。

世界史を見ても、ギリシャとペルシャのあいだで起きた三回にわたるペルシャ戦争、聖地パレスチナをめぐり西欧諸国のキリスト教徒がイスラム教徒と戦った十字軍遠征、イギリスとフランスのあいだで一〇〇年以上にわたって断続的におこなわれた百年戦争、ファシズム体制をとる日独伊三国（枢軸国）と米英仏ソなど連合国とのあいだに起こった第二次世界大戦とそれに続く米ソの冷戦など、常に二極対立が歴史に影を落としています。

どうしてこのような対立が起こるのかというと、私たちの意識のなかには、対立することでお互いを比較し、ぶつかり合って自らのポジションを明確にしたいという本能的な性《さが》があるからです。しかし、それは同時に、対立を乗り越えることによって、より広い意味で宇宙の法則を理解し、より広い視野を持つという本能的な性を持っているからでもあるのです。

アトランティスは、より広い民族を受け入れた大陸ではありましたが、民族問題が解決してくると、今度は科学か宗教かということでぶつかり合う場所になってしまいました。

一方のレムリアにしても、宗教と科学は同居していたわけですが、今度は王家やいままでの伝統をどのように認識するかという違いにおいて、対立を繰り返してきた場所でもありました。一つの課題が解決すると、新たな課題が噴出してくるものなのです。

アトランティスの因縁を解消する

実は、私が江戸時代に久能山東照宮のそばで虐殺されたのも、アトランティスとムー・レムリアの対立に起因した因縁があったのです。そのことを知ったのは、私が静岡の郵便局員を辞めて、上京してきたあとのことでした。

上京して間もなく、上野公園にいって西郷隆盛像の前に立ったときです。夜間であったにもかかわらず、なぜか西郷像の後ろから声が聞こえてきました。それはたいへんに低い、エコーのかかったような声でした。

耳を澄ますと、その声は「お前を許す」とか「お前を東京に呼び寄せた」といった内容のことをいっていました。誰かいるのだろうかと思って、恐る恐る西郷像の真裏に回って確かめてみると、人は誰もいません。

そこにあったのは、天海大僧正の毛髪塚でした。そして私が聴いた声は、その毛髪塚から聞こえてきていたことがわかりました。

その後、私がリーディングをおこなって調べてみたところ、江戸時代に私を部下に殺させた天海大僧正が、実はアトランティスのパルアルアに移住したときに私が護衛した王子であることがわかったのです。

私から見れば、護衛だった私は王子のわがままのせいでアトランティスの滅亡に遭遇して命を失ったわけですが、王子の護衛をすること自体、王子の因縁空間の駒の一つとして動いていたことになり、一種の連帯責任を負うことになります。

おそらく自分だけが責任を免れることがないことを知るために、あえて天海大僧正のグループに殺されたような気がします。そうすることによって、因縁事が解消したわけです。

実際に因縁が解消される前の私は、武士の前世で上からの命令で女、子どもを含め数えきれないほどの人間を殺《あや》めました。

それで後半生では円窓という修行僧になって一人でも多くの人を救いたいという気持ち

に変わったのです。しかし、これまで多くの人を殺めたという前世の因縁を解消されるには、自分自身も理不尽に殺される必要があったのではないでしょうか。

ただし、この場合の因縁とは、前世で悪い事をしたから殺されたといった「善い・悪い」の因縁ではありません。殺したから殺されたという単純な話でもなければ、罪の重さの引き算、足し算といった話でもないのです。人を殺していても、いい運命をずっと辿る人もいます。

「秋山は人を殺したから、悪い目に遭ったのだ」と思うかもしれませんが、それは間違いです。たとえば、戦国時代は一日何人殺すかが正義でした。一日に何人殺すかが彼らのいわば価値基準となり、必要とあらば自分の身内まで殺すわけです。戦時において兵が人を殺すことは、まったくの悪ではないのです。そうしないと生き残れなかったわけですから。平時のものさしで戦時のことを測ってはダメなのです。

いずれにしても、アトランティスの因縁には決着がついたのです。私はそのことを天海大僧正の毛髪塚から聞こえてきた声によって教えられました。それで私は、最終的に東京に住むことを決心しました。そして現在に至っています。

真反対の人生を体験して学んでいく

私と同じように、対立と平和、農民と武士といったような対極的な人生を繰り返すような前世を持っている人は多いと思います。

たとえば、世界中で報告されている生まれ変わりの有名なケースを紹介している『前世よ、こんにちは。』という本によると、イギリスのごく平凡な主婦であるイリス・ティプトン夫人はあるとき、テレビの向こう側から送られてくる催眠術によって、自分の前世を次々と思い出してしまったといいます。

そのなかで最も古い彼女の前世は西暦三世紀のもので、当時のローマ皇帝の庇護《ひご》を受けて、ほとんど苦労のない人生を送っていました。というのも彼女の夫が、皇帝が師と仰ぐような武道教師だったからです。衣食住すべてに恵まれ、存分に気ままな生活を送ることができたようです。奴隷を大勢侍《はべ》らせて、娯楽として剣闘士が血まみれになる格闘を観戦したのではないでしょうか。

その約九〇〇年後の一二世紀。彼女は、今度はイギリスのヨークでユダヤ人として生まれ変わっています。当時のヨーロッパは、いわばキリスト教の全盛期でキリスト教から見たら異端《いたん》のユダヤ教徒は何かにつけて迫害されました。おそらく彼女も例外ではなく、キリスト教徒から差別され、肩身の狭い思いをし、つらい思いを強いられたはずです。実際に最後は、教会の地下にある秘密の納骨堂で罪もないのに殺されています。

ティプトン夫人のこの二つの前世を見てもわかるように、人を差別したり、こき使ったり、人が苦しむのを楽しんだりすれば、次には差別されたり、こき使われたり、殺されたりするような人生を経験するようになっているのです。

ティプトン夫人はその後、一五世紀のフランス・プロバンス地方で大きな店を構えていた豪商の妻としての一生を過ごします。そのとき彼女が嫁いだクーエル家は、現在でも名家として残っているそうです。そして次に一六世紀のイギリスで貴族として生まれ変わります。宮廷にも頻繁に出入りする高貴な身分だったようです。

ところが次に転生した彼女の人生は、一八世紀のイギリス・ロンドンの貧民窟《ひんみんくつ》で生まれ育ったお針子《はりこ》の生涯でした。前二回の前生とは正反対の、働いても働いても報われない貧困人生だったわけです。

彼女は一九世紀後半には、アメリカで修道女としても生まれ変わっています。キリスト教徒として、日々聖歌を歌い、祈りを捧げるといったつつましい生活を送りました。私は、それによってユダヤ人としてキリスト教徒に殺された前世の因縁を解消したのではないかと考えています。

アメリカ・フロリダ州で退行催眠療法（退行催眠をおこない、心の奥底に眠る問題を探ることによって心の問題を解決しようとする療法）をおこなう心理療法士として多くの著作があるブライアン・ワイス博士が治療した患者にも、同じような前世体験の記憶が出てきます。ワイス博士は熟達した催眠術によって、前世まで記憶を遡ることが可能であることに気づき、それを心理療法に実際に使ってみたわけです。

それによると、兄の交通事故死などで深い悲しみから抜け出せないでいたあるメキシコ出身の男性は、退行催眠中に、異国の地でスペイン人と戦うイギリス兵としてスペイン人に待ち伏せされ殺された前世を思い出す一方で、スペイン人として異国のジャングルで仲間に見放されて死んだ前世も思い出しています。そのどちらの過去世でも、遠い国にやってきて金のために互いに殺し合ったイギリス人とスペイン人の醜い争いに巻き込まれて犠牲になっています。

このような生まれ変わりは、相反する立場の両方を経験するようになっている例の典型です。いろいろなパターンを試したわけです。それはバランスをとるためであり、**自分が引き寄せた結果や受け入れた決断を正反対の立場から体験することに主眼が置かれているように思われます。**第4章で説明しますが、しかもそれは自分で選んでいるのです。

転生より不死を選んだ人たち

転生は自分で選ぶと書きましたが、例外的に生まれ変わらずに不死を選んだ人たちもいるとされています。たとえば、日本では八尾比丘尼《やおびくに》。幼い頃、誤って人魚の肉など特別なものを食べたことから八〇〇年の齢《よわい》、すなわち不老長寿を獲得したとされる伝説が、京都府京丹後《きょうたんご》市、福井県小浜《おばま》市、福島県会津地方など日本各地に語り継がれています。

西洋では、フランス革命前夜にパリの宮廷を騒がせたサンジェルマン伯爵やカリオストロという人たちが知られています。サンジェルマン伯爵は、二〇〇〇〜四〇〇〇年前の大昔に錬金術によって不老不死の薬を発明、古代バビロン王宮や古代ローマ帝国宮廷のスキャンダルを、まるでその場に居合わせて本当に見てきたかのように臨場感たっぷりに面白おかしく語って、たちまち高貴な人たちを虜《とりこ》にしたといわれています。

カリオストロもまた、錬金術師として名を馳せ、不死の霊薬をつくっていたと伝えられています。

サンジェルマン伯爵やカリオストロのように、不死を研究して、それを選ぶ人たちもおそらくいるのです。サンジェルマン伯爵などはそれに成功したともいわれています。肉体を持ったまま、生まれ変わりを超越して生きるわけです。彼は、時間を超越して、ナポレオンやヒトラーの前にも現れたともいわれています。何かそのように不死を超越する技術が存在する可能性はあります。

転生を超越した？ サンジェルマン伯爵（左）とカリオストロ（右）

そうだとしたら、彼らの肉体は朽《く》ちることがありません。しかも彼らは時空を超えて生きています。いわば時空管理人のような人たちともいえます。

ただの詐欺師の御伽話《おとぎばなし》とかSFの話だと見る向きもあることは承知しています。しかし、**私たちにはすでに時空を超える力が備わっているのです。それが転生というシステムです。**前世の記憶をすべて管理して克明に思い出すことができれば、その人は不老不死のサンジェルマン伯爵と同じになるわけです。同じ肉体を持ち続けながら不老長寿となるか、あるいは肉体は朽ちても、次の肉体に生まれ変わり続けることにより永遠に生きるかは、その人の趣味の問題ということかもしれません。

システムとしての転生

組織や団体をつくって、転生をシステマティックに管理しようとする人たちもいます。チベット仏教ゲルク派の法王ダライ・ラマは、代々厳格な審査を経て認められた「転生者」が法王の地位を継承します。

大和政権の初期に活躍したとされる武内宿禰《たけうちのすくね》の血統を継ぐという竹内神道管長職家（正統竹内家）では、秘儀秘伝を十二の長老家に分散して一六〇〇年以上にわたり継承。それを一人の武内宿禰が七三世にわたり口伝《くでん》継承してきたとされています。長老家の合議によって「武内宿禰」に選ばれると、歴代の武内宿禰の霊を受け継ぐ「霊嗣之儀式《ひつぎのぎしき》」がおこなわれますが、その際、約二〇〇〇年前の予言によって転生者の生年が予め《あらかじ》決められている場合もあるそうです。

ヨーロッパで結成されたキリスト教系の秘密結社も、グループとして転生をコントロールしようという試みといえるかもしれません。グループの人間にしか知られていないようなサインやシンボル、そして儀式を決めておいて、転生してもそれらのシンボルやサインがきっかけとなって前世を思い出し、再結集するという仕組みです。

ラテン系フリーメイソンの思想について書かれた『キリストと黒いマリアの謎』（清川理一郎著）を読むと、その感を強くします。それによると、太古の地母神《ちぼしん》信仰（多産や豊穣を象徴する母神の信仰）と、黒いマリア（マグダラのマリア）を崇拝する異端のキリスト教信仰が合体して、その思想は二〇〇〇年近くにわたって脈々と引き継がれ、フランス革命やアメリカ建国など歴史の大舞台に確かな痕跡《こんせき》を残しています。

黒いマリア（マグダラのマリア／19世紀、アリ・シェフェール画）

彼らは、キリストの子孫が、フランスで生き延びたと信じています。それはイエスと結婚したマグダラのマリアの子孫であり、黒いマリア信仰を生み出しました。なぜヨーロッパ人は、キリスト的なものにこだわるのかというと、先祖のルーツがキリストと交わっていると信じているからだ、ということもわかるわけです。とくにフランスは交わりが強いのです。そのフランスに、またキリストやマリアが生まれてくる可能性があると主張する人たちもいるわけです。

いずれにしても、キリスト教徒たちは、キリストの姿の気高《けだか》さを、磔《はりつけ》になった十字架に込めて肌身離さず持っているわけですから、十字架は霊験《れいげん》あらたかだといえます。その十字架に導かれるようにして転生を繰り返す――そういうパターンもあるのではないでしょうか。

同様に転生する際の道標的に使われているのが玉や巨石です。中国の四大小説の一つとされる『紅楼夢《こうろうむ》』に出てくる「三生石」「通霊石」のように、石は過去世、今生《こんじょう》、来世をつなぐ役割を果たします。『西遊記』でも孫悟空は石の卵から生まれます。石は転生において切っても切り離せないアイテムなのです。転生を通じて自分に関係する石や巨石に出会うと「不思議な親近感」を覚え、自分が多くの過去世を生きてきたことが喚起《かんき》されます。第2章で紹介した政木和三氏のアトランティスの神官の石も、これに該当します。

私もレムリアの前世で、石が持つエネルギーを使って空間に変化を起こす研究をしていた記憶があります。新しい土地にいったら、必ず石を拾ってきました。その石に、私がつくった機械でいろいろな振動を与えて、石の周りの空間がどう変化するのか観察するのです。石の配列を変えることで、時間の流れ方が明らかに変化するだけでなく、そばの金属が変形するという現象を観測したことも覚えています。今世でも多くの鉱石や奇石を集めていますが、レムリアの前世の名残であるともいえます。

ですから私にとっても、石は転生を思い出すカギとなるアイテムなのです。過去、現在、未来を照らす道標の役割を果たしているのです。

鉄の文明と石の文明の激突

ところで、その後、アトランティスやムーにいた人たちはどうなったのでしょうか。海の藻屑《もくず》となったアトランティスにいた人たちは、主に古代エジプトに転生。エジプトで彼らは、自由が暴走したこと、あるいは自由の意味がわからなくなってしまったことによって引き起こされたアトランティス文明の滅亡を教訓にして、当初、平等を追求しました。自分だけ自由であればいいという考えを改め、みんなが平等で自由であるべき社会の姿を求めたのです。

ところが、近親者や知人を優遇するという、縁故的な不平等が発生したり、自分たちの平等を維持するために戦争で打ち負かした他国民を奴隷化したりするなどしたことによりバランスが崩れ、やがてはあちらこちらから不満が噴出してエジプト文明も崩壊しました。現代においては、彼らはやはり自由な国を標榜《ひょうぼう》したアメリカに多く転生しているようです。

これに対して、レムリアやムーにいた人たちは、古代インドに転生したあとは、現在はロシアや中国に生まれ変わってきているのを感じます。歴史や伝統を重んずる一方で、やはり自由に対しては相変わらず警戒感を緩《ゆる》めません。個人の自由より制度が優先されています。

日本は、レムリア・ムーとアトランティス人の両方の生まれ変わりが非常に多い国だと思います。必然的に二元対立の渦に巻き込まれやすくなります。

どこの地域でも国でも、もう過ちは繰り返してはいけない時代になっているのです。今度こそ、その二元対立の因縁の渦巻きを超えて、先に進まなければいけないのです。

その一方で、その因縁から脱出したい人たちのなかには、ムーやアトランティスはなかったと主張する人たちもいます。彼らはムーとアトランティスの対立を忘れ去りたい人たちです。しかしいくら否定しても、存在した事実はなくなるわけでもありません。むしろ真正面から向き合う必要があるのです。ムーとアトランティスの対立は、そういう意味で、人類の過去世における最大のトラウマとなっています。

すでに申し上げたように、アトランティスは鉄の文明、レムリアは石の文明と考えることもできます。人類の歴史のなかで、ほとんどの戦争は、この「鉄対石の対立」に源を発しているといえます。

その流れが現在においてもぶつかり合っているという感じを強く受けます。

たとえば、第2章で紹介したラピスラズリという石は、前世の因縁を象徴する鉱石です。この石に惹かれる人の多くは、鉄と石の対立と深くかかわってきた人です。どうやって共存するか、鉄と石の対立のトラウマを超える力を持つのがラピスラズリなのです。

ラピスラズリを積極的に導入した古代エジプトのような国家は、それで一時期繁栄したともいえます。西洋圏でも、ラピスラズリから顔料の材料をよく採っていました。それが、中世以降、西洋が繁栄した背景にあるのかもしれません。少なくとも、キリスト教文化にはそれが強いように思われます。鉄の剣と石の対立というテーマが背景にあります。

ラピスラズリと対比する鉱石として、第2章でアジュライトを紹介しましたが、どちらの力も重要なのです。この二つの石は、発信と受信の力のバランスの重要性を教えてくれているのです。

対立の原型をつくってしまった超古代文明

鉄と石、アトランティスとレムリア――こうした対立が人類の歴史および人間の転生に大きな影響を与えていることは間違いありません。とくにアトランティス文明崩壊のトラウマは、いまでも人類の集合無意識に深くトラウマとして刻まれています。

そのアトランティス文明崩壊の時代に過去世を生きた人たちが現代において多く生まれ変わってきていることを初めて公にしたのは、前述した「眠れる予言者」エドガー・ケイシーです。彼は米国・ケンタッキー州の農場の子として生まれました。

ケイシーは子どもの頃から、亡くなった親戚の「幻影」を見て、彼らと話したり、学校の教科書の上に頭をのせて眠る、つまり教科書を枕にして眠るだけで内容を覚えてしまったりするという特殊な能力を持っていたといわれています。

その彼が、二一歳のとき、声がほとんど出なくなるという奇病にかかりました。医者たちはあの手この手を使って治療を試みましたが、一向に治りません。途方に暮れたケイシーは最後の手段として、かつて教科書を記憶したのと同じ特殊能力を用いて、自分自身を治すことができないかと考えます。

友人の催眠術師に協力してもらって催眠状態になったケイシーに対し、催眠術師はケイシーの症状を問い質《ただ》しました。するとケイシーは、病気の原因と医学的に適切な治療法について、譫言《うわごと》のようにしゃべり出しました。そして、そのとおりにすると、彼の声は再び出るようになったのです。

それ以降ケイシーは、催眠中にまるで医者のように患者の病気を診断し、治療法を教える力に目覚めました。彼はこの方法を使って、一九四五年に亡くなるまでに約一万四〇〇〇件もの病気の治療法や予言、さらに様々な問題の解決法を残しました。

そのなかでケイシーは、転生が事実であること、過去世でアトランティスにいたことがある人が現代に多く生まれ変わってきていること、今世でその人間が直面している問題と過去世とは大きくかかわっていることなど、人間の知られざる驚異的な事象や歴史、アトランティスの高度な文明とその滅亡について、人々の過去世をリーディングすることによって次々と明らかにしていったのです。

ケイシーは、アトランティスは一部の権力者による科学技術の乱用と、人間の能力の誤用によって自滅したと語っています。私のリーディングでも、アトランティスは科学の悪用と想念や抑圧された集合無意識の暴走によって滅んでいます。

その状況は、実は現在の世界の情勢と似た面が多々あります。

想念の暴走が一番重要な社会的システムを破壊してしまったのがアトランティスの滅亡です。インターネット上の誹謗《ひぼう》中傷の嵐を見ると、想念が暴走を始めているのを強く感じます。いまの時代も、アトランティスの二の舞いになりかねないという怖さがあります。

アトランティスの崩壊は、間違いなくいまの世界情勢とかかわっているのです。そういうアーキタイプ（原型）が、現在の私たちのなかにあるわけです。

そのアーキタイプに取り込まれやすいことを認識したうえで、それに呑み込まれないように未来を設計していけばいいのです。過去世での過ちを繰り返すことは避けられますし、避けなければなりません。過去世の業《カルマ》をすべて解消して先に進むことは、その意志と明確なイメージさえあれば、誰もができるのです。

第4章

「霊は肉体より次元が高い」という考えは危険

「物質からなる肉体は悪」という考え方は正しいか

人類が抱えている様々な対立について述べてきましたが、こうした課題を超えて「進化」すると何が起こるのでしょうか。

一～三世紀にかけて地中海世界で台頭したグノーシス主義のように、精神世界ではよく、「物質からなる肉体を悪」とする傾向がある人たちがいます。なかには「霊的に進化していくと、肉体をともなった転生はなくなる」と説く一派もいます。しかし、肉体より霊を重んじる風潮に私は反対の立場です。というのも肉体は霊の形だからです。どちらかが劣っていて、どちらかが優れているわけではありません。

人間は肉体を捨てることでバイブレーションの高い霊的存在になっていくのだ、というような話があります。私はその立場には大反対です。そのような肉体軽視の思想が流布したために、「崇高な霊的な存在になるのだ」といって自殺する人が急増したからです。

肉体の神経反応を軽減させるために、麻薬とか大麻が必要なのだといって、薬物の使用に走る人も出てきました。薬で霊的な世界にいくのだという考えは言語道断《ごんごどうだん》です。

肉体は霊よりも下に見るべきではないのです。

エジプトのミイラを見ても、即身成仏《そくしんじょうぶつ》を見ても、肉体を悪とする思想は存在しません。確かに、肉体なんて穴から汚物が出て、臭いがして、醜《みにく》いものなのですが、古代宗教を辿れば、肉体を不浄《ふじょう》だとする考え方は少ないと思います。

初期のニューエイジ（二〇世紀後半のアメリカから広まった思想的潮流）では、本当に肉体を悪と見なしていました。しかし、そのニューエイジの人々のあいだで一九八〇年代に一世を風靡《ふうび》した宇宙存在バシャールも、爬虫類《はちゅうるい》から進化したトカゲ型宇宙人です。肉体を持っています。

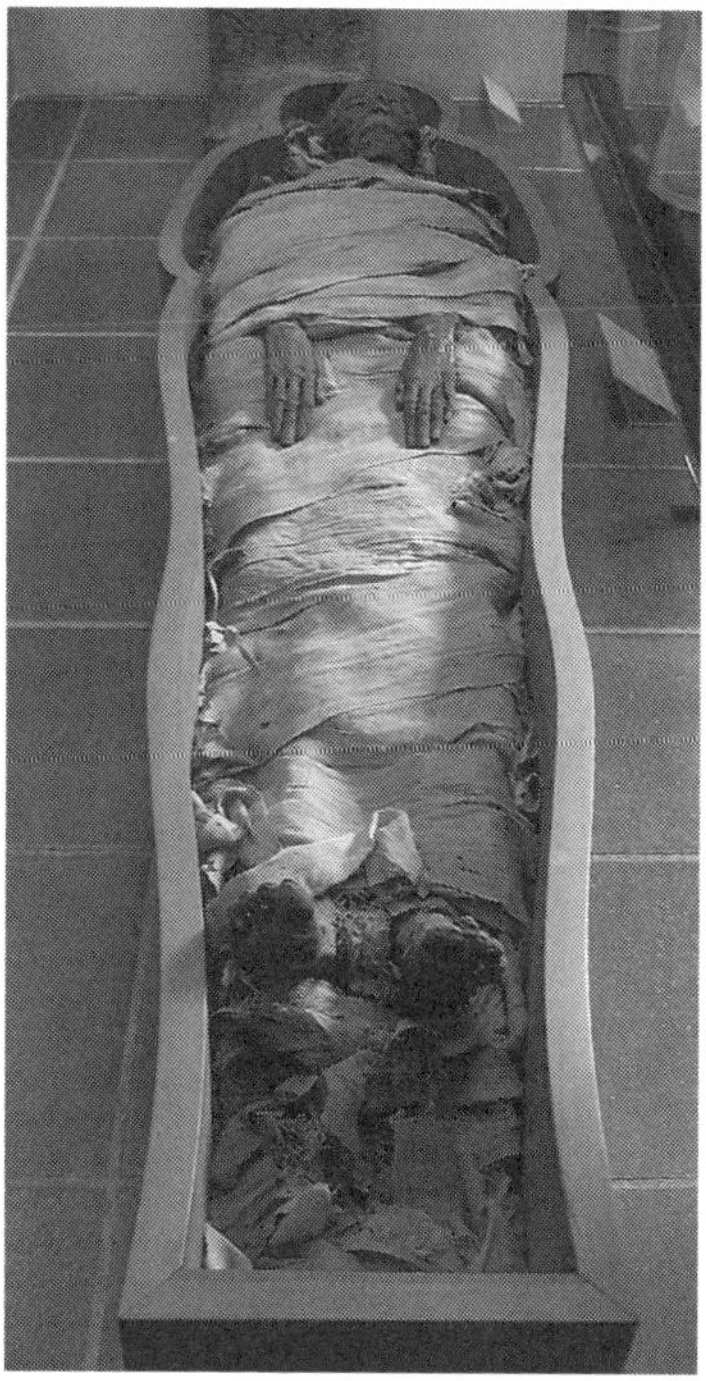

古代エジプトのミイラ（バチカン美術館）

霊的に進化したものは肉体を持たないという考え方には、私は大反対です。いや、反対、賛成ではなく、あり得ないと思います。環境に適応して、肉体と霊が一体化しているという見方が正しいと思います。それが必要だから肉体があり、必要に応じて生まれ変わっているわけです。

仮に霊的に純粋に存在するものがあったとしても、「肉体を持っているものはレベルが低い」などというはずがありません。そのような、おかしなことをいうはずがないのです。そのような発言や発想が、実際に多くの人を自殺や薬物などの間違った方向に導いてきたのです。

「霊」と「肉体」のあいだに優劣はない

ニューエイジの説くアストラル体とか、ブラヴァツキー夫人の考えは、私から見れば間違っています。まずブラヴァツキーを再検証しましょうといいたい。ブラヴァツキーの「七つのチャクラ論」も、元々インドにはありませんでした。彼女から間違ったこともたくさんあります。神智学の呪縛《じゅばく》から抜け出せていません。

ただ、日本の仏教を世界に広めたのも神智学ですから、仏教徒は神智学をあまり悪くいいません。鈴木大拙《だいせつ》（一八七〇〜一九六六、欧米に禅を紹介した仏教哲学者）による禅の著作は、ブラヴァツキーの創唱した近代神智学のお陰で海外に広まったという面があるからです。

肉体を持たないことが進化ではないのです。何をもって「進化」というのか、その方向性が問題です。

ダーウィンの進化論的に考えれば、肉体は環境に適応してどんどん便利になっていくはずです。しかしいまは、適者生存的に有利な性質が残るとするダーウィンの進化論は批判されています。一九世紀当時も、キリスト教はダーウィンの進化論を強く批判しました。

いまのニューエイジの考え方は短絡的な霊的進化論なのです。「肉体は不自由不自在なもの。だからこんなものに執心しているのはレベルが低いのだ」と彼らは主張しています。霊的な存在はレベルが高い、だから自由自在なのだといいます。

しかし、自由自在になったからといって苦悩がなくなるわけではありません。自由自在に飽きたらとんでもない苦悩が待っている可能性だってあります。自由自在に飽きたら、果てしない苦悩があるだけです。

むしろ不自由不自在の肉体を持って、自由自在の記憶を少なくして、ここに生まれ変わるというのは、自由自在の存在から見たら、ある種の「即身成仏」ともいえるわけです。「ああ凄い！　肉体に直霊《ちょくれい》が宿っちゃったよ」と思うかもしれません。

そのように肉体を持つことによって、何か進化したり、人に愛情を与えられたり、愛することの喜びを感じられたりできて、感性が研ぎ澄まされるのではないでしょうか。

累々と続く霊至上主義の犠牲者

一九七〇年代から八〇年代のニューエイジには、霊的に進化すると肉体を持たなくなるという思想がはびこりました。繰り返しになりますが、その結果、薬物依存や大麻の問題がニューエイジの人々のあいだに蔓延《まんえん》し、自殺者も急増しました。

ニューエイジが主張した霊至上主義的な理想を求めて、つまり肉体を軽視することによって死んでいった人が実はたくさんいるのです。裏を明かせば、その理想の「霊の王国」は、ヴェトナム戦争の際の米兵を納得させるときの理論として存在したという一面があるのです。その理論も崩壊したために、アメリカ軍部は何をやったかというと、精神医学をもってきたわけです。心の病を治療するためと称して、国民を薬漬けにしておかしくさせ、自殺に追い込むわけです。

そのことを扱ったビデオがあります。『隠れた敵：軍事に介入する精神医学』という米国のドキュメント映画で、「本当の敵は精神医学だ」と言い切っています。

いまの日本は、精神医学の牧場、あるいは草刈場です。向精神薬が異常なまでに大量に投与されているのが実情です。一部で薬漬け医療を批判する声もあがりましたが、まったくといっていいほど解決していません。

こうした問題の背景にあるのは、肉体のほうが霊よりも階級やレベルが低いのだから、肉体を麻痺《まひ》させてしまえという間違った発想があるからではないでしょうか。

そもそも肉体は、どんどん生まれ変わっています。人間は約六〇兆個の細胞からできているとされていますが、硬い骨の細胞でも、五か月で生まれ変わるといいます。腸の上皮細胞はわずか数日で、皮膚は一か月で入れ替わるそうです。精神や免疫とも複雑にかかわりながら肉体は日々、新たにつくられている――。このことがわかっていれば、肉体を下に見ることなどできないはずです。

即身成仏は何のために肉体を残すのか

先日、即身成仏の調査のために東北にいってきました。即身仏は東北に一六体あります。親戚のお坊さんたちが即身仏になっているケースが多いそうです。そのなかでも代表格で、非常にご利益が強いといわれている海向寺《かいこうじ》（山形県酒田市）の即身仏を見てきました。御開帳はあまりしないのですが、そばで見たところ、右側の即身仏がしきりにしゃべりかけてきました。「饒舌《じょうぜつ》な即身仏だな」と思いました。

すると、説明にこられたお寺の女性の方が、「いや〜、右の仏さまはよくしゃべるんですよ」と同じことを話していました。「長く一緒にいますとわかります」という感じで、霊能者でなくてもわかるのです。

右側の即身仏は、ものすごく喜んでいるのがわかりました。霊的に見ると、まるで遠くから照らすサーチライトのように光を発していました。

即身仏には、生まれ変わりを超越するという概念もあります。

興味深いのは、即身成仏の場合は、いつか霊的になったものは帰ってくるというエジプトのミイラ観とはまったく違うということです。エジプトのミイラは、「いつか帰ってきたときに肉体がなければ困るだろう」という考え方からつくられたとされているからです。「王様はきっと帰ってくる」と信じて。しかしそれは、生きている人間の煩悩《ぼんのう》でしかありません。

これに対して即身成仏は、このまま肉体にあらゆる霊的なエッセンスを集約させて、生きている人のすべての願いを叶えるという思想が根底にあります。即身仏になって、終生の業《カルマ》を断ち切り、みんなの願いを絶対的に叶えるという祈りがここにはあります。

これは、アメリカの初期のニューエイジの人たちとは真逆な考えでもあります。

キリスト教徒のなかには、「即身仏などは自殺である」と考える人もいるようですが、そのような単純な話ではありません。私が感銘を受けたのは、即身仏になるには、たいへんな儀式が必要なのです。まず何年もかけて、体の脂肪分などの余分なものを削《そ》いでいきます。そのために食べられるものが限定されます。それを木喰行《もくじきぎょう》といいます。

クヌギとか、一部のクルミとか、油分の少ないものしか食べることができません。木の皮などを食べて肉体をどんどん絞っていきます。そして最後に漆《うるし》を飲みます。漆は肌につくとかぶれますが、飲む分にはかぶれないそうです。なぜ飲むかというと、全身の雑菌を殺すためです。

そのように厳しい修行をして、地下三メートルの穴蔵《あなぐら》に籠《こ》もって、竹筒を差した空気孔こそありますが、ずっと鈴《りん》を鳴らしながら、ゆっくりと心を整えて死んでいきます。

磔《はりつけ》になるキリストの心理に近いかもしれません。キリストほどの能力者であれば、磔から逃れることはいくらでもできたと思います。三日目に復活したとされていますが、本質的にはキリストが即身仏を見せることによって、人類の終生の業《カルマ》をキリストが背負っていったと見ることができます。

現実逃避思考は肉体の否定に結びつきやすい

即身仏たちは、肉体の重要さを気づかせるための教えとしてあったのだと思います。というのも、飢餓が蔓延《まんえん》した時代に「南無阿弥陀仏《なむあみだぶつ》」と唱えれば、あの世で救われるのだという思想が広がったという時代があるわけです。

アメリカのヴェトナム戦争と同じで、この世があまりにも悲惨なイメージがあって苦しいと「肉体なんかいらないよ」「現実なんかひどいよ」と現実逃避思考になって、「だからあの世で救われよう」という考えになるわけです。

しかし、そうではない。肉体を持って存在し続けて、肉体を持って人を救済し続ける希望があるということを示すために即身仏たちは存在したと思っています。

即身仏となった人たちは、生まれ変わらずに、世の中を救おうという強力な霊的なパワーとともに、死んでからも直霊が肉体にとどまり続けている人たちなのです。そういう生き方もあるということです。

そもそも霊は永遠なのです。どこにいようが、何をしていようが永遠の存在なのです。これが心霊主義の基本です。どのような肉体に宿っていても永遠です。

いま話題になっているアンチエイジングとか死に様観と共通する問題がここにあります。様々なアンチエイジングの方法を試しているミドルエイジが、あちらこちらに見受けられます。しかし、本当に必要なのは、いまある肉体を美しくできないかを考えることです。年をとらなくするのもよいのですが、自己像を整えるほうがはるかに重要なことです。肉体と霊がどのように折り合いをつけて、どうしたら楽しく、幸せに、淡く生きていくかを考えるほうが大事だと思います。

時空を超えて同時に多数が存在する直霊

霊が永遠であるということに関連して、霊は時空を超えて存在するということも知っておく必要があります。たとえば、先述の即身仏に宿り、光を放っている直霊は、同時に別の時空では転生をして、どこかで生きているということが可能だということです。

たとえば、いわゆる守護霊は、転生をしないで、子孫の肩の上にずっととどまっているのでしょうか。

それは違います。守護霊として存在しながら、もう生まれ変わっている場合がほとんどです。このことを理解するためには、量子論や多宇宙論が必要になるのです。時系列で事象が進むわけではないのです。多重多層的に霊は存在できるからです。

永遠に即身仏として肉体にとどまる直霊は、同時に即身仏として亡くなってすぐに生まれ変わることもできます。**同じ時間や空間に複数で存在することもできれば、過去、現在、未来に同時に存在することができる**ものなのです。

霊魂に関しても、時間を超越した直霊の欠片《ピース》が守護霊としてここに残っているともいえます。自分が生きた時代の心を持って、皆を助けているわけです。そして直霊は自由自在に生まれ変わるわけです。これが同時並行して起こります。

いわゆる地縛霊《じばくれい》も同じです。その場所に霊魄《れいはく》を残す一方で、直霊は生まれ変わっていることも当然あるわけです。

霊は自由自在だということをみんなきちんと捉えることが大切です。

それを知らないから、肉体は悪、などという誤った考えに行き着くのです。

肉体を持たなければ自由になれるのか

分魂の問題もあります。

チベット密教は、一人の力のあるラマの霊は五〇体以上の子どもの霊に生まれ変わるとされています。この生まれ変わり論を、日本の生まれ変わり論の人はどう捉えているのでしょうか。あまり考えていないのが実情です。

動物から生まれ変わる、動物に生まれ変わるという考えもあります。実例もあるといいますが、私はどちらも一種の憑依《ひょうい》現象としか思っていません。悪事を働くと木に生まれ変わるという考えもありますが、木には生まれ変われないと思います。できたとしても、それも憑依に近い現象です。

仏教の経典に、こんな話があります。インドのある地域に、骨を見ただけで女性か男性かがわかる霊能者がいたそうです。お釈迦《しゃか》様はある骨を見せて、その霊能者に「これはどういう骨かわかるか」と聞いたといいます。

するとその霊能者は、「この骨だけは、男性か女性かわかりません」と答えたそうです。これに対して釈迦様は「そうであろう。これは悟りを得た者の骨だ」と語ったということです。

このエピソードからわかることは、お釈迦様は転生の仕組みや骨に残る霊魂的なもののこともわかっていたのだと思います。

肉体を持たない存在も確かにいます。ただし、それは好みの問題で、趣味でしかありません。私には肉体を持たないのはこだわりに思えます。逆に肉体を持つ者たちのほうが気高《けだか》いのです。より自由自在といえるかもしれません。不自由不自在を選べる自由自在です。単なる自由自在でぼんやりと生きている人たちよりも、ずっと高貴です。ずっと自由自在で、フロンティアスピリッツに満ちた人たちです。

肉体を持たなければ自由になれる――精神世界は昔から、こんなフワフワした薄っぺらい思想がはびこっていました。日本の精神世界もアメリカの精神世界もそうですが、その都度流行りがあるということです。

自分が死んだことに気づいていない主人公が、生きている恋人に一生懸命話しかけているのに、全然気づいてくれない――こんなシーンを映画でよく見かけます。この場合、会話ができない、肉体を持たないということは、ある意味不自由なことでもあるわけです。映画は、実際に死者と交信した霊媒の記述からヒントを得ています。死んで自由体になると思ったら大間違いです。『ゴースト　ニューヨークの幻』のような映画はある意味、警鐘でした。ちゃんと心構えを持って死を迎えないと、単なる地縛霊になったり、単なる孤独霊になったり、混乱したりするだけです。

本当に、心が何を選ぶかで世界が決まるのです。心は常に、自分の周りで展開する世界の王なのです。「私は王だ」という人もいるけれど、王なら国（周りの世界）の責任を持たなければいけないのです。肉体があろうがなかろうが、国の責任を持つのは、心そのものなのです。

自分の周りで展開する、すべての五感に触れる感覚にして世界の王なのですから、その世界に責任があるのです。その世界が非常に美しく、楽しく存在し続けることに責任があるのです。神様から「この部屋に住みなさい」と任されているわけですから、この部屋の責任はその人にあるわけです。「とりあえず、宇宙をつくる修行をその部屋でしなさい」といわれているのが、いまの私たちの人生です。

神様はもうそういう段階を超えて、宇宙をつくる創造体になっているのです。単に存在するのでなく、創造体になっていきます。「よし、今日は、こういう宇宙をつくってしまえ」とかいいながら、ブドウの房のような宇宙をポコポコつくっているのです。逆に、「こういう宇宙はダメだったか」といって、つくった宇宙を消したりもします。

そのなかで、あたかも雑菌のようにちょこちょこ蠢《うごめ》いているのが私たちです。そして、神から「この家に住みなさい」といって与えられた住処《すみか》が、私たちが五感で知覚している、この環境なのです。

いまいるこの世界で、やはりをこの肉体を使いながら、理想的な宇宙をつくるということが、私たちのお仕事なのです。

第5章

理想の「未来世」を今からデザインする

なぜ「歴史は繰り返す」のか

前世の因縁というと、多くの人は、一つか二つくらい前までの前世が今世に影響を与えているると考えるかもしれません。いったいどのくらい前までの前世がいまの自分に重要なのか、この問題はとても深遠で複雑です。

しかも、善悪の基準で因縁を量ることはできません。量ることができるとすれば、理解するか、しないか、ということが、因縁の基準といえば基準です。つまり因縁を解消するということは、無理解を理解に変える作業に近いといえるかもしれません。

前世の自分の立場とはほぼ真逆の立場を体験して、対極の立場を理解すれば、大方の因縁は解消されるからです。そして、個の因縁が解消されていくことによって、より大きな集団で、あるいは国単位で、さらには惑星単位で解消しなければならない課題、すなわち人類が対峙しなければならない根源的な因縁や業《カルマ》のようなものに気がつくようになります。

私たちには、社会的な型、人類が持っている根源的な型に巻き込まれるという、より大きな因縁があるのです。

いわば人類が普遍的に持っているような「神話の型」に巻き込まれるというケースがあって、世界はいま、アトランティスが崩壊したときの神話の型の影響を受け始めているように思います。人類の集合無意識が持っている、繰り返してしまう型に引っ張られている感じがします。

アトランティス崩壊当時も、大衆の価値観や思想信条、とりわけ精神論と唯物《ゆいぶつ》科学論が激しくぶつかり合って、自分たちの有り様を否定された多くの大衆が、科学のシンボルであったエネルギーの究極の装置を破壊するという大事件が起きたわけです。それによってアトランティス文明の痕跡もろとも、分子レベルまで破壊されるという未曽有《みぞう》の大惨事が発生しました。

一方、それ以前のレムリア、ムーの流れを見ると、その文明がより精神的に静寂を求めるという方向ならいいのですが、そうではなく、「こうしなくてはいけない」「ああでなくてはならない」という原理原則主義自体が絶対信仰や宗教であるかのようになってしまったことに問題の根があったように思います。非常に規制された社会が長いあいだ形成されてしまったので、息苦しく感じる人も多かったはずです。

レムリア、ムーから逃れていった人たちは、科学が私たちを解放してくれると信じたのです。私たちの文明でも、宗教的教義中心文化から現世的人間中心文化へと転換させることになったルネサンスの流れもそれに似ています。すでに歴史上何度も自由個性主義と原理原則主義、科学と宗教、科学と精神性の対立という葛藤《かっとう》を繰り返してきているのです。

超能力ブームと、それを叩く科学的批判ブームも同じ型の繰り返しです。アトランティスの因縁はいまも続いているのです。

ユングがいったように、人類はうお座の時代に入って、唯物論のマルクス主義と精神論のキリスト教というぶつかり合いが起こっています。これもアトランティスの因縁に違いありません。人々の価値観が混迷を極めていく、ある意味、終末の時代の萌芽《ほうが》が始まったという感がします。

対立の因縁が導く破滅

ここでどうするかです。社会に対立と不安が渦巻いているときに、「不安だ、不安だ」と大騒ぎをして、悪いのはそちらだと非難合戦し、他者に救いを求めるばかりで、自分の内なる問題として自分に突きつけない――。こうしたことが、多くの人たちのなかで進んでいってしまえば、たいへんな現象を引き起こすと見て間違いないでしょう。集合無意識が、それこそ無意識のうちにそれを引き寄せてしまいます。

いつのまにか「いったい何で戦争になってしまったのだろう」というようなことが起きるのです。言い換えれば、誰もが予想できたにもかかわらず、「何で原子力発電所が爆発したのだろう」というようなトンチンカンな世界です。そこまでいくと、全体責任です。

問題は、全体責任として、今後はそれぞれが何をできるか役割分担して、自ら表明して、みんなが再び愛情確認していくことです。「誰が悪い」と一方的にいうのではなくて、私が何をできるか、と考えていくしか方法はありません。

少なくとも、人類が直面する様々な対立の背景には、過去世で私たちが経験したアトランティスとレムリア・ムーの対立の因縁があるのだということを知っておくだけでも、ずいぶんと違ってきます。その対立の渦に巻き込まれないように、自分自身にそれを突きつけて、気をつければいいのです。そうすることによって、かなり危険を回避することができます。

アトランティスの二極対立の因縁をいつまでも繰り返す必要はありません。因縁は気づくことによって、かなり解消できるのです。

繰り返されるレムリア・ムーとアトランティスの対立

いまの時代を概観してみると、アメリカに憧れる人もいますが、アメリカはやはりキリスト教的国家です。その偏った視点を他の国に押しつけているという印象はぬぐえません。一方、中国は共産主義国家で、同主義に根差した自由を目指しているものの、やはり詳しく見ると、かつてレムリアとかムーで生じた、国家文化の窮屈《きゅうくつ》さが顕在化《けんざいか》しているように思われます。

実際、レムリアやムーからは多くの人がアトランティスに逃れています。それがいまの中国の状況を象徴的に表わしているように思われます。すでに何度も起こった、レムリア・ムーとアトランティスという文明の対立を、世界がまた繰り返し始めているのを強く感じます。

我々日本人から中国やロシアの社会が窮屈そうに見えるのは、日本人の多くがアトランティスの前世経験があるからではないでしょうか。当時のアトランティス人は、レムリアやムーをそのように見ていました。レムリア、ムーの宗教的な窮屈さを嫌って、大勢の人たちがアトランティスに流れたのです。

どの時代にも規制と自由は存在しました。そのメニューの内容が違うだけで、逆にその時代が疲弊して窮屈だと感じることと、いやその時代は楽しかったのだと感じることは、その人自身の選択権の問題なのです。その人の魂というか直霊の選択権の問題です。その時代を経験することによって、見識と理性が常に鍛えられているのです。

そこから学ぶべきことは、バランスよくものを見ることです。偏って見ないということが大事なのです。

より研ぎ澄まされ、磨かれるために、輪廻転生を繰り返しているわけです。

明るい未来を描く心構え

過ちを繰り返さないために人類がいま抱えている問題は、天啓を受けて閃《ひらめ》いて、アイデアを実践するという機能が止まってしまっている傾向が強まっていることです。この天啓の回線が塞《ふさ》がって機能しないでいると、本当の問題が見えてきません。

先進国のなかでも日本が一番その機能が止まっているかもしれません。ボカスカとミサイルを飛ばした北朝鮮が憎いと騒いでいる国、それを黙認している中国が憎いと騒いでいる日本には、ほとんど期待することができません。むしろ、なぜミサイルを飛ばされるのかという因縁を一度でもいいから考えてみるべきなのです。

生ぬるい時代があまりにも長かったので、コールタールの海のなかをみんなで泳いでいたような感じです。ただただそこを泳ぎながら、何となく生ぬるい不安と、生ぬるい文句をずっと言い続けてきたら、責めるだけの感情の人がものすごく増えました。それがインターネットのなかでも収容しきれないくらい膨らんで、溢《あふ》れてきています。

だからこそ、日本は叩かれるのです。

戦後の高度経済成長を一つの闘争意欲に変えて、「世界に車を売るのだ」とか「電気製品を売り込むのだ」とか「ドアに足を挟んでまで百科事典を売るのだ」といった時代がありました。それはある意味、戦いの想念を経済で昇華していった時代でもあったわけです。

いまはそんなこともできなくなっています。みんなが発散する手段がないのです。サッカーと野球だけでは、人間の闘争心は収容しきれません。

闘争心は、何も足の引っ張り合いをして他者を貶《おとし》めても勝つというだけのものではありません。将来を切り開く開拓魂、フロンティアスピリッツとつながっています。

何か新しいことを開拓することは、闘争心やド根性とつながっている面があるのです。ポジティブな闘争心というか、奮闘する心というか、そうした心は人間には必要です。むしろ、そこにモヤモヤやフラストレーションを接続できない、プラス思考の回路が分断されていることが問題なのです。うすっぺらな、騙されやすい正義感と、相互不理解と、自分の好きな情報だけしか耳に入れないという偏狭《へんきょう》でいびつな価値観を育むインターネットというシステムなどが誤作動し、ありとあらゆる矛盾と偏見と不寛容さが溢れかえっているのだと思います。

問題提起は必要ですが、文句にならない程度にとどめておくべきです。

「ここが問題だ」「ここがおかしい」という気づきは非常に重要です。しかし、そのレベルでとどまっているようでは、逆に問題意識を持たないほうがいいくらいです。

そこにとどまらず、その問題意識の問題を解消するために、あなたはどうしたらいいですか、と自分に突きつけて、解決策を出し、実際に行動しなければならないのです。あなたはその問題をどういう行動によって還元《かんげん》したら、問題を解決することができますか、あなたはどう貢献できますか、と自分自身に突きつけることが必要です。そういう具体策に接続しなければならないのです。

そうしないと、どうやったとしても明るい未来を描けるわけがありません。

チェックポイントは、**明るくなれるかどうか、楽しくなれるかどうか、みんなが喜べるかどうか**、なのです。そこに重きを置いて、未来の羅針盤《らしんばん》にすればいいのです。

未来世で同じ失敗を繰り返さないために

前世があるのですから、未来世は間違いなくあります。

うれしいことに、この問題に関心を持つ人が増えています。日本人は元々、今世の次の人生、すなわち来世を信じる人が多いのです。「袖振り合うも他生《たしょう》の縁」から始まって、『曽根崎心中《そねざきしんじゅう》』などにもあるように「死んだら来世で一緒になりましょう」というプロットが日本人の思想のなかに、ある程度浸透しています。

せっかくこの世に生を受けたのに、心中や自殺によってリセットするなど、私から見れば言語道断です。それでも来世は、実はある程度、今世においてデザインできるのです。

ここでよく間違いを犯すのは、前世と今世の関係に対する認識です。たとえば、「前世ではこういう悪い念があって、だから今世でも人生が苦しく、悪くなってしまうのだ」と精神世界ではよく考えがちです。しかし、いまが苦しいことの言い訳にするために前世があるわけではありません。

「前世ではさんざん嫌な目に遭ったから、それをやめて、今世では切り替えよう」という人のほうがたくさんいます。今世で経験する失敗とか苦しみは、前世とはあまりかかわりがありません。

ですから、前世でのこだわりや性格的な偏りを持ち越して、同じ石に躓《つまず》いたり、同じ轍《てつ》を踏んだりする必要はまったくないのです。それなのに、同じ失敗を繰り返そうとする人が時々います。

もちろん、前世で嫌だった人や仲が悪かった人とまた出会うことは間々あります。でもそれは、今世でもまた仲が悪くなるために出会っているのではありません。

前世で仲が悪かった人や前世で相性が悪かった人と結婚したから、今世で夫婦関係が成り立たないというわけではないのです。神様が「お前たちはどうしようもないから、一からやり直せ」といって、再び仲の悪い者同士をくっつけているようなものなのです。そういう**やり直しの機会を与えられたのが、今世だと思ってください**。

あれだけ前世で憎んだ人を、いわば敵を、今世ではこれだけ愛せるようになったと思えたら、これほどの霊的な快感はないわけです。これは凄いことです。対極を理解し愛することができれば、自分の世界が計り知れないほど広がるのです。

そこまでいかなくとも、**前世で嫌だったことを今世では書き替えられる**というのは、凄いことなのです。夢の実現といってもいいかもしれません。やり直すチャンスが今世なのです。

来世は確実に自由に選べる

やり直したいと思っても、課題はたくさんあるでしょうから、当然今世でやり残してしまうことも出てくるでしょう。しかしながら、安心してください。そのために生まれ変わりがあるのです。しかも、来世は選べるのです。ある程度、自由意志で選べます。

それを証明するケースも報告されています。

第2章で紹介した、老漁師が姪《めい》に「自分が死んだらお前の息子として生まれ変わるつもりだ」と宣言し、その老漁師が亡くなった約一年半後、伯父と同じ手術痕を証拠として、その姪の子どもに生まれ変わったという話です。

また、前世の記憶を持って生まれる子が、生まれる前に夢のなかで「今度そちらに生まれ変わってくるから」と受胎者や家族に告げる「予告夢」が世界各地で報告されていると前出のスティーブンソン教授は記しています。これも来世が選べるから起こる現象だと解釈することができるわけです。

第1章で紹介した、江戸時代に平田《ひらた》篤胤《あつたね》によって記録されたケースもユニークです。勝五郎が前世で藤蔵として死んだあと、自分の祖父とみられる老人の案内で谷津入の勝五郎の家に連れていかれ、「この家に入って生まれよ」と告げられて、その三日後に勝五郎として生まれたといいます。

メーテルリンクの『青い鳥』にいみじくも描写されているように、生まれる前に何らかの取り決めなり、人生デザインなりがなされているのです。

「先祖」と「天性」を織りなして仕上げる

来世が選べるなら、今世で生きているうちから、来世に対するイメージをある程度固めていくと、そのイメージに合うような場所や環境に生まれ変わりやすくなります。

いまよりもっとスケールが大きくて、楽しい、さらにもっと多くの人に貢献できて、人を愛せて、愛が得られるような境地を、いまから描いておくことが非常に大事なのです。

このとき、一番役に立つのは、前世の記憶やアイテムです。自分のこれまでの前世で培ってきた技術や特質、経験、知識、知恵、そして直霊とともにあるアイテムを踏まえながら、自分に合った来世を思い描けばいいのです。

気をつけなくてはならないのは、来世では今世の遺伝的な家系とは違う家系に生まれる可能性が極めて高いということです。今世の先祖の記憶からは外れることになります。同じ先祖の家に生まれ変わることは、よほど強く望めば例外的にそうなるかもしれませんが、まずそのようなことはありません。つまりある特定の先祖の記憶は持ち越しません。違う家系のなかに入り込みます。

先祖（霊魂）という縦の関係と、天性（直霊）という横の関係があって、その縦と横の糸の流れを変えながら、一つの立体的な作品を仕上げていくような感じでしょうか。

結局、**私たちは、やり残したことをやりとげるために転生をしているの**です。やり残したことを完遂するには、**やり足りないことがらは何なのかという明確なビジョンをつくる必要がある**わけです。**それが来世のデザインです。**

ずっと同じ失敗や過ちをして、前に進むべきところを横歩きしてしまう人もいます。たとえば、私のところに相談にこられた人に「こういうふうにしたほうがいいのではないですか」とアドバイスしたとします。すると、その人は「それはダメです」といいます。それで代替案を出したら、それもダメだといいます。こんな人は、結局どのようなアドバイスをしても答えは「ダメ」で、その人は来世でもきっとまた前世と同じ失敗をするのだろうと心配になります。

迷うのがよくないのは、迷った時間が長ければ長いほど無駄になるからです。迷った時間が有効になるなどということはありません。ストレスにもなります。そんなものを積み重ねても意味がありません。体を痛めつけたり、魂を傷つけたりするだけです。

迷う暇があったら、今世のあるべき未来を思い描き、さらには来世のビジョンをよりはっきりと思い描くことです。

来世で何をしたいのか、イメージする

では、来世をどう思い描くのか。

最初にすることは、何をするのかを考えることです。何かをつくるのがいいのか、モノを売り買いする人がいいのか、計算をする人がいいのか、などを具体的にしていくのです。もし、製造業やつくることに携わりたかったら何をつくる職人なのか、あるいは素材は何なのか、石なのか木なのか紙なのか金属なのか——そうした要素を一つずつ追っていくことが必要です。石は顔料にも使われますが、石と木と紙を合体させたのが画家という職業です。石、木、紙、金属のどれをどれだけの割合で合体させるか、どれが一番しっくりくるのか、感じてみるといいでしょう。素材を分けて並べて、調合具合を感じてみることは来世をデザインするときに欠かせない要素となるはずです。

まず、どの素材が、自分の魂にいいと感じているのかを調べます。一つ一つの素材の感じや調合具合がいいと感じられれば、そのコンビネーションを選べばいいのです。

五感のどれを主に使うのかも、来世を決める大きな要素となります。音の心地よさを追求したいのか、香りにうっとりしたいのか、美しいものを見るのが好きなのか、といったことから始めて、さらに匂いを仕事にしたいのか、味を仕事にしたいのか、音を仕事にしたいのか、何かを見る仕事か、触る仕事か、などと分けていけばいいのです。分けたうえで**一番しっくりくる五感の組み合わせを、来世のため選んでイメージする**のです。

私は今世を決めるときに、前世では香りと石と紙という素材を思い描いたと感じます。植物も、それほど多くありませんが、少し調合したと思います。だから絵を描いたり、デザインをしたりすることを仕事の一部にしているわけです。ほかにも、金属を削って何かつくることにはグッとくるし、やはり香りにはとくに敏感になります。だから、よくお香を配合して炷《た》いたりします。

前世では、どんな立ち位置で何を感じたのか

前世でもそういったことは好きで、平安時代以降の雅《みやび》な世界、すなわち公家の世界の住人であった前世はあったのだと思います。その延長線上にいまの私がいます。

ただ、何となくですが、権力を持った主流派の横暴を許せないという気持ちも感じます。おそらく前世では主流派ではなかったのでしょう。そうした主流派に迎合《げいごう》すればよかったのでしょうが、当時の私は主流派に対して物申してしまい、出世できなかったように感じます。お偉いさんのトップになった経験はほとんどないと思います。

ただし「葬式はこうあるべきだ」とか「役人はこうあるべきだ」といいながらも、革命

を起こしたことはなかったようです。ですから、意外とはっきりとした意見を持ちながらも、主流派に従うという前世だったのではないでしょうか。

そうした主流派と非主流派の対立という図式は、私の場合は根深くて、先述したレムリア・ムーとアトランティスの対立が尾を引いています。非常に厳格で宗教的な国家レムリア・ムーと自由で気ままな国家アトランティスの対立です。

前に述べたとおり、私は当時レムリアにいて、自由にあこがれたレムリアの王子の護衛としてアトランティスに渡りました。

現代でいえば、中国とアメリカの関係のようなものです。中国が古いルール漬けの国家だったとすると、自由の国アメリカにいきたいと思う人と同じです。私も、王子に共鳴して、そういう気持ちでレムリアからアトランティスに渡りました。

しかし、アトランティスにいったらいったで、完全に自由な文明というものがあまりしっくりこなかったことを覚えています。王子に従って、アトランティスに住むことになりましたが、自由を謳歌《おうか》したという記憶はありません。

そこで私が目撃したのは欲望の暴走だったからです。当時の私は、自由は好きでしたが、過ぎた欲望は嫌いでした。

来世を繰り返し鮮明に思い描く

この自由と規制社会の問題は、生まれ変わりながら私が長く学んでいるテーマでもあります。自由と規制やモラルのバランスの学習というのは、前世、今世、来世のどの世においても共通するテーマになっています。自由とモラルを超越した道を探している旅のようなものです。

同時にアトランティスとレムリア・ムーの対立は、自然と人工物のバランスの問題も提起しました。自然と人工物はバランスをとりながら同居していかなければならないのです。

そのバランスを大事にして来世を思い描くと、美しい自然界で海も山もきれいで、そこに理想的な素材で家が建っているという風景が浮かんできます。庭の大きな家で、遠くに海が見える風景です。前世でもそうした邸宅で暮らした記憶があります。

来世の場所はよくわかりませんが、やはりあと数十回くらいは日本ではないかと思います。海は遠くに見えますが、津波に襲われないくらいの高台です。海は岩場も砂浜もあります。木々もたくさん生えていて、どうやら森と海のエッジの高台で暮らしているようです。広めの家を建てて、海を見下ろしている姿が見えます。

そうした姿を描けるようになることを目指してください。すると、違和感がなくなり、**来世でその風景が引き寄せられるような現象が起きる**わけです。前世でも建物こそ違いますが、日本や海外でそうした海の見える高台に住んでいた記憶がありますから、いっそう、そうした場所に引き寄せられるようになるのです。

このような**イメージをより具体的にしていけば、イメージどおりの来世に生まれ変わることができる**のです。

来世はデザインできます。実際にそうした家に住んでいるイメージを鮮明に持ち、具体的に壁にはどういう絵をかけるのかとか、彫刻を置くのかとか、石の家なのか木の家なのかとか、床材は何かとか、靴は何を履《は》いているかとか、服装はどうだとか、一つ一つより詳細かつ具体的に思い描いていくことが大切です。

その際、やはり前世で見たようなカギとなるシンボルをイメージのなかに必ず入れておくようにするといいでしょう。そうしたシンボルやイメージをしっかり最後まで鮮明に描いておくということが大事だと思います。

願うのではなく、具体的にデザインする

未来世を見ると、世界の人口は減っていきます。自然環境が満たされていくのを強く感じます。今世で私は、本を出版したり鉱石類の販売を手掛けたりして石や本とかかわった人生でしたが、来世では石も本もあまりないような感じを受けます。来世で私がかかわるのは、香りと音楽とアートです。そちら側に振れるのを強く感じます。すでにその予感があります。今世でやり残したことを来世ではおこなうわけです。

おそらく音楽は、ロックやニューエイジのように自由で、やんちゃな音楽ではなくて、比較的オーソドックスな音楽の創作にかかわるはずです。いろいろな人たちに影響を与えるような音楽をつくりたいと思っている様子が浮かびます。

さらに大きな絵が見えてきます。大作をいろいろな素材で描きたいとも強く思っているようです。同時に、その大作をどういう画商と組んでどうプロデュースするかもすでに見えてきています。

多くの人たちは、絵を描きたい、音楽にかかわりたい、水泳をしたい、有名になりたい、

きらびやかな格好をしたいなどと自分の願望を口にしますが、どうやって仕事をするのか、どうやってお金を稼ぐか、どういう人と組むかというビジョンが脱落しています。そこが問題なのです。

願望だけでは、なかなかうまくいかないのです。心と物質の接点をつくり、願望と現実が合わさるためには、具体的かつ現実的なビジョンの設定が極めて重要です。そのためには営業力がものをいいます。

前世で培ってきた営業力や販売力がないとお金を稼げません。誰かに仕えたほうが楽なのか、屋根の下で営む仕事が好きなのか、通信機器だけを使った営業が好きなのか、外へ出て直接人と会って営業するのが好きなのか、集団に対してプレゼンテーションをするのか、それとも個人対個人で営業するのか、自営業か、少ない人数で会社をやるのか——そうした営業のあり方は自分の前世とも深くかかわってくるはずです。

営業の仕方を含め、ここまで深くイメージを持てれば、来世の実感が湧いてきます。その実感をしっかり思い出すことによって、来世もしっかりしてくるのです。

私の来世では、作曲とは別に、一点モノの素晴らしい創作物のお店を営んでいるのが見えます。今世でも骨董屋を営んでいますが、来世ではもっと研ぎ澄まされた一点モノの骨董を販売します。「さようでございますか。では奥から持ってまいりますのでお待ちください」と、店の奥から骨董品を持ってきて「三〇〇億円でございます」といっている光景すら浮かびます。一世で一個売れればOKというような一点モノの骨董屋です。そういう店を経営したいと思っています。

今世ではここまでしかできないけど、来世ではもっと先までやってみようというデザインでもあります。来世はこのように、とにかくスケールを大きくして設定したほうがいいと思います。今世の自己実現の方法と同じです。**なるべく具体的に、しかもスケールを大きくして思い描くのがコツ**なのです。

とくにお金に結びつけるところや、モノに替えるところなど、資産の具体的な描き方に関しては、なかなかイメージしにくいようです。小さく小さく描きがちです。すると、どんどん現実に起こる現象のスケールも小さくなっていきます。

「いまここが問題なのです」とか「将来的にここが問題で困っています」などと不平不満ばかりいう人がいますが、いまがどうあれ、一瞬で将来像を描けないから、不平ばかりいうことになるのです。いまと未来を切り離す必要があります。そうすれば、未来は無限に広がっていきます。いまと結びつけるから、未来がしぼむのです。

いまちょっとしたバブルの時代になっています。小さい創作物をインターネットで売るにしても、二、三年きちんと取り組めばソコソコ売れるようになる時代です。だからこそ、大きいスケールでデザインするに越したことはないのです。

小さくイメージすれば、せこい仕事ばかりになります。小さいイメージでは潜在意識が説得されません。説得するためには、未来を大きく描きつつ、何が目的でどのように儲けるかも具体的に描いていくことが重要なのです。

天命をふまえて未来世を考える

あと十数回生まれ変わったら、日本におけるこのいまの人間関係は、おそらく数百年か一〇〇〇年くらいあとに、非常に高度に近代化したインドで再び転生して出会うことになります。

そのときのインドではすでに、個人用のホバークラフト的な移動装置や、球形のビルや現在よりはるかに高い超高層ビルができて、町の光景も一変しているはずです。農地と都市部、森などの自然と都市部がほどよく混在し、理想的な自然の美しさと近代科学が調和して存在していることでしょう。そうした未来が見て取れます。

理想的な未来世を描くにはまず、今世で自分の天命を理解することです。

自分の天命をはっきりと理解するためには、まずは自分の前世を把握して、その文明や時代背景を詳しく調べて、よく理解することです。たとえば、古代ギリシャの議会政治に深くかかわった前世があるのならば、自由や平等を求めることの重要性とその意味を改めて確認する必要があります。

逆に権力と縦社会にある種の美しさと憧れを感じる人は、封建的な社会を重要だと考えた時代の背景や意味を理解することです。

極端な例ですが「ナチス」と聞いて不愉快に感じる人が大半のなかで、愉快だと感じる人がこの世界にはいるのです。左派や右派という問題も出てきます。特定の人種の受け入れとか拒絶の問題もあります。

いわばアプリオリという既知感です。そうした問題が事前にある、私たちは事前に持っているということです。その既知感がなぜ起こるかというと、その答えはやはり前世のなかにあります。

面白いのは、いまの日本は本当に多種多様な前世を持っている人の結集国家だということです。みんな、過去世で何度も日本にきています。たとえば、京都がなぜあれほど大勢の外国人がきて、楽しいと思うのでしょうか。

素材が木材であっても、世界中の建築様式のミニチュアがそこにあり、懐かしく思う機会が多いからです。古代アイルランドの太陽信仰ですら、日本の巨石崇拝に見て取れます。世界共通の前世記憶が、日本の文明に集約されているのです。

多種多様な民族遺伝子があるのも日本人の特徴で、霊魂の資質が世界中の民族記憶を持っているからこそ、どんなに前世の記憶が強い人でも、日本にきて不愉快に感じることがないのです。どこか懐かしい感じを覚えるはずです。日本人は人気のある生まれ変わり先なのです。

生きて、自由にモノがいえて、ある程度解放感がある日本というのは、宗教や信仰の自由も守られる国家という意味も含めて、最上質な国であると思います。

前世を、今生《こんじょう》での職業選択に活かす

数字や理数系が好きか、というチョイスと、色が好きだ、面白い形が好きだ、というチヨイスと、言葉や文字が好きだ、というチョイスでも、自分がどのような今生を望んでいるかを見分けることができます。

この三つのチョイスを簡単にいうと、理系、芸術系、文系ということです。こういう分け方も、実は天命と深くかかわっています。

親が子の将来を考えるときに、その子がこの三つのどれに反応しているかを見極める手もあります。色や形にすごく反応する場合は、芸術系の人生を選んだほうがいいとか、専門的に勉強させてあげることができます。

ただし、気をつけなくてはいけないのは、いまの近代芸術は「散らかし」と「片づけ」が上手《うま》くできないといけないということです。とくに美術関係で成功する人は、片づけが上手くないと成功できません。

ところが、前世において貴族階級で美術関係に携わっていた人は、片づけは下々《しもじも》の人たちがやるので、今生においては、使ったものは誰かが洗ってくれるなどと思ってしまい、片づけようとしない人が多いわけです。だから散らかっていると、自分では片づけずに当たり散らしたりします。そういう人はなかなか美大系に進むのはたいへんです。

そうなると、いくら前世で名の知れた美術家であっても、在野において趣味でやっていくしかありません。あるいは美術に造詣《ぞうけい》が深いわけですから、美術系のプロデュースをするような仕事に向かったほうがいいと思います。

前世の経験は、今後の職業選択の自由を広げることに役立つのです。前世を知ることによって、今後の実生活に役立たせることが可能になり、今生の意味が自然とわかるようになるわけです。

逆にいえば、過去世を知らないがゆえに、今生での学ぶ意味を見失うという事態に陥ることも十分にあり得ます。過去世を知ることは、今生の生きる意味を再確認し、しっかりと今世を生きるためでもあるわけです。

かつプラスアルファで、それは未来世を知ることでもあります。

いま、この瞬間から未来に対するイマジネーションをどれだけ広げて、活性化できるかということが、過去世を知ることの本当の意義なのです。

宇宙人が示した地球人の未来世

過去世から引き継ぐ宇宙的な人脈というものもあります。

私が今世で宇宙人と出会えたのは、前世で宇宙人と接触していることが大きな一つの要因です。先祖も宇宙人と接触しています。この両方があるから、宇宙人に会えたともいえます。

同時に宇宙人は向こう側から私を選んだ、ともいっています。そのことを周囲に話したら、「なんで秋山のようなやつが選ばれるんだ」といわれたこともありましたが、選ばれたというのだから、ほかにいいようがないわけです。

ただ、これも未来世と同じで、イメージと現実がある未来の一点で合致するような現象がこの宇宙にはあるということです。前世で偶然出会って、先祖も出会っていたという二つの流れがあって、かつ今世で私が思い描いたビジョンが宇宙人の想念と共鳴するような現象が起きたと考えることもできるのではないでしょうか。

別の見方をすると、アトランティスの時代の前世で宇宙人と出会ったことによって、外側から客観的に地球人の因縁や業《カルマ》が見えるようになったわけです。これがすごく大きなことでした。今世でさらに宇宙人が私に見せたものというのは、彼らはカスタマイズされたＵＦＯで宇宙の好きな星にいけるという現実でした。

彼らはいくらでも宇宙空間から物質を取り出せて、食事も自由にできることを私に見せてもいます。物体の瞬間移動（アポーツ）も可能で、ＵＦＯのなかにどこかの野菜を持ってくるということも簡単にできてしまいます。以心伝心で、宇宙の果てと果てのあいだでも瞬時のテレパシー交信が可能です。彼らの存在自体が、地球人では思い描けないほどスケールの大きな現実なわけです。

その有様を見て、私も考えさせられました。もし我々地球人がそうなったときに、どのような喜びを見出せますか、という疑問です。食べ物が不足するという苦しみはないし、エネルギーは無限に使えるという状態です。テレパシーができるので、騙したり騙されたり、などという煩《わずら》わしいこともなくなります。

こうなったときに何が一番面白いかというと、マイＵＦＯで宇宙を冒険することに違いないと私は推測しました。そして、面白い、変則的に動き回る生き物、シッチャカメッチャカにお祭り騒ぎをしている生き物を眺めることだと思ったわけです。つまり、その生き物こそ地球人です。

地球は、宇宙人の観光地としてはたいへん人気のある惑星なのです。そうした宇宙人たちと接触して私が思ったのは、地球人もいつかそちらの方向に進もうと意識しているのだなということです。地球人は宇宙人が成し遂げたような自由のリアリティを求めているのです。自由は本当に美しいし、現実を変えるし、人の尊厳を大切に磨き上げるものです。

宇宙人は本当に深く自己をリスペクトしていました。それは単なるナルシシズムではなくて、人と共存して、かつ個性的なことを求めているという他者と自己が調和したリスペクトです。そこにグッときました。

同時に我々が宇宙人に生まれ変われない理由もはっきりとわかりました。地球人は怖がってばかりいるし、嫌がってばかりいるし、妬《ねた》んでばかりいるからです。人と自分を比べて、自分と違うから怖いと感じて、「ああ、自分なんて嫌だ」と思うのが地球人です。一方で人の優秀な面が見えて、「いつか引きずり下ろしてやる」という妬みの心が生じるのも地球人です。インターネットで悪口を書き込む人などがその例です。他人に対する恐れと妬みで未来を思い描く人は、そういう場所にしか生まれ変われません。

自ら進んで犯罪に加担し「殺す、殺される」という境遇の人生を送ったら、次の人生でも殺す、殺される境遇に遭いやすくなります。犯罪に手を染めれば、次の人生でも犯罪に巻き込まれやすくなります。そうした負のスパイラルに巻き込まれたと思ったら、一度外側から自分を見て、分析してみることが必要です。自分のなかに恐れと妬みがないかよく考えてみるべきでしょう。

地球人は他者に対するそうした恐れと妬みを超えなければなりません。「地球はひどい星だ。次に生まれ変わってもひどい場所に違いない」と思っている限りは、ひどい場所にしか生まれ変われません。一人一人がそうではない自分を思い描き、自他ともに幸せになる未来を思い描かなければならないのです。

宇宙人はある意味、地球人の未来世を見せてくれているのです。「我々はここまで宇宙を思い描くことができました。君たちはどこまで思い描けるかな」と彼らは我々地球人に問いかけているように感じます。

宇宙の果てと転生の秘密

はるか先にある私たちの未来世についても語っておきましょう。私は一度、宇宙人の母船に乗せてもらい、「宇宙の果て」にいったことがあります。そこには綿菓子がふくらんだような靄《もや》の壁がありました。母船の外に出て、実際にその壁に触ると、雲よりも硬くて実感がある物質でした。壁に足を突っ込んだり、壁を手で引っ張ったりしてみると、壁は意外と繊維質で、引っ張っても千切れることはなく、すごく長くて硬い繊維の集合体のような弾力のある壁でした。

驚いたのは、その「宇宙の果ての壁」に白い蚊の大群のようなものがぶつかっている光景でした。よく見ると、白い蚊のような大群の一つ一つは、実は光の粒子で、壁の向こうに通り抜けていく粒子と、壁にぶつかってポロポロとこぼれ落ちる粒子がありました。その比率は、通り抜けていく粒子が三分の二で、こぼれ落ちる粒子が三分の一くらいだったと思います。

それを面白がって見ていると、宇宙人が「ある循環を繰り返した直霊が成長過程を超えて違うレベルに参入する瞬間である」と説明してくれました。この宇宙では平均して一霊年（約一四四〇万回）の輪廻転生を繰り返したあと、宇宙の果ての外側に旅立つのだといいます。

私が「壁に跳ね返されてこぼれていった光の粒子はどうなるのですか」と尋ねると、「跳ね返されるという運命を選んだ直霊は、再び一に戻る。そして再び一四四〇万回生まれ変わり、この宇宙の向こう側にいくか、また一からやり直すかを選ぶ」のだということを、それとなく教えてくれました。

しかし、その壁の向こう側である宇宙の果て（外宇宙）には何があるのかについて宇宙人は「その向こう側の世界は、いまの状態の君ではどうやってもイメージすることはできない」といって、教えてはくれませんでした。外宇宙に至るまでに、三霊年から四霊年かかる場合もあるそうです。おそらく想像を絶するような世界が私たちを待っているに違いありません。

先述したように、平均的な日本人の転生の回数は、六〇〇〜八〇〇回に過ぎません。確かに、この宇宙から見たら、私たちはまだよちよち歩きの子どもにもなっていないのかもしれません。

でも逆の見方をすると、まだよちよち歩きの子どもだからこそ、宇宙という広大無辺の白紙のキャンバスを前にして、そこに個性豊かな、誰もが美しいと感じる、調和のとれた素晴らしいイメージを描ける可能性が無限に広がっているとも解釈できるわけです。

そのように美しい大宇宙をつくれるかどうかは、私たち一人一人が心に描く未来世の姿にかかっているのです。

あとがき

「やった、やられた」の世界を超えて

前世や来世という問題は、本書のなかで触れているように様々な要素が絡んでいます。それにもかかわらず、非常に多くの人たちが単純化して捉えてしまう傾向があります。人間の輪廻転生が提示する根本的な問いは、「やったからやり返された」とか「今世で不幸なのは前世の悪行が原因だ」とか「肉体は悪で霊は善」などといった単純で短絡的な問題ではありません。

本書を執筆した動機は、そうした安易な転生観に対する警鐘と、前世や来世を理解しようとするだけでも私たちは今世で見事なまでに様々な悟りを開くことができるのだということを伝えることです。

前世と来世をどう捉えるかは、非常に重要な問題なのです。

前世がわかる、というだけの本ではなく、来世をどう設計するかということに触れていますが、来世云々《うんぬん》という本でもなく、今世を本当に楽しく幸せに生きるために前世という概念をどう捉えたらいいか、どう求めたらいいか、来世というものをどう考えたらいいか、

という教科書として何度も読み返していただくことを念頭に置いて書いています。

私はこれまで、世界中の精神的な指導者たちを数多くインタビューしてきました。そのなかで共通して語られることは、前世や来世がどうあれ、いま今世において、淡く楽しく、そして静けさとともにある幸福感に私たちが少しでも長く居続けることが重要だということです。

五〇年近く精神世界で生きてきた私から見た問題は、「精神の幸福を求める精神世界の人々が、オカルト的なことを信じない普通の人たちよりも、社会の現象に振り回され、自然現象に振り回され、右往左往している」、そのうえ「いい加減な都市伝説を信じてしまう」ということです。

精神世界の人々は猛反省すべきです。私たちは、因縁が深いからこそ、精神世界にかかわるのだということも認識する必要があります。私を含めての今後生きていくための指針となるテーマであると思います。

この本に書いたような、幸せな精神生活を送ってほしいし、たとえば前世でかかわった土地なども、これだけパワースポットが流行った世の中においても、「やはり私にはここが一番いいのだ」という場所を自分の力で見つけていただきたい。

そこが観光地として有名だとか、絢爛豪華《けんらんごうか》な建物が建っているとか、そういった表層的な理由で訪問するのではなく、やはり前世の土地とのつながりというものをきちんと見据えて、そうした土地や場所を訪れてほしいと私は願っています。

たとえば伊勢神宮は、昔はいまほど絢爛豪華な建物は建っていなかったはずです。出雲大社も同様です。自分の前世とつながりのある特別な場所を見つけ、秘められた意味を見出すことが重要なのです。

どの時代に生まれ、どの時代に強く影響を受けているのかを自分自身の力で解明することによって、その時代の真実の記憶が私たちのなかに芽生え、それらと共鳴することによって、私たちのいまの生き方の「偏り」というものが明らかになっていくのです。

みんながパワースポットだというからといって、その場所があなたにとってよい場所だとは限りません。その場所が本当によい場所か、そこから何を学べばいいのか、あるいは自分の今世や来世にどう活かすことができるのかは、自分自身の前世によるのです。

表面上の善悪の基準ではわからない

現在は、一見平和な時代であるにもかかわらず、至るところで戦争のきな臭いにおいが立ち込めています。二〇一九年末からはコロナ禍によって、世界中が混乱し、多くの人が命を落としました。

そうしたなかで、私たちは表面的な善悪の基準で物事を捉える癖がついているため、しばしばメディアや権力者に都合よく煽動《せんどう》されてしまうのです。

表面的な事象しか見ることができないメディアが、前世の因縁など理解できるはずもありません。世論もただそうしたメディアに煽《あお》られて、肝心なものが見えないのが実情なのです。

前世をちゃんと把握していないと、血迷い、迷走してしまうのです。当事者は何をやっているか見えてきません。どうして自分が誰かに支配されるような状況になってしまったかわからずに、戸惑いながら、どういうわけか従ってしまう自分にまず気づかなければならないのです。

気づかなければそれはもう、邪霊に操られているようなものです。同時多発的に同じような凶悪事件が発生するときは、とくにそう感じます。あちらこちらで血迷い、不満を溜め込み鬱屈《うっくつ》した想念が暴走を始めようとしています。

新海誠《しんかいまこと》監督のアニメーション映画『すずめの戸締まり』は、そうした現代を象徴し、また予言的でもありました。この映画では、大地の底にミミズのようなかたちの霊的なお化けがいて、時々地上に姿を現します。すると大雨が降ったり地震が起きたりするので、そのお化けを「戸締まり」して歩いている「閉じ師」と、そこに巻き込まれる女の子を描いています。

この映画を見て、いまの世界をこんなふうに捉えました。

しばらくみんなの平和を求める力が強くて眠っていた大地のミミズが、「平和を守っても、何の意味もないじゃない」と思う人口がSNSを通じて増えたために、みんなが理想と思っていた芸能人や政治家が本当は邪悪だったとか、「きれいな女の子があのように恐ろしい事件を起こすのだ」とか、「大手企業が企業ごと悪だったのだ」とか――そういうことによって噴き出しているのです。

「平和だったのに、戦争を誰も止められないじゃないか」とか「国連軍は何をやっているんだ」とか「きれいごとばかりいって、本当は兵器を売っているだけだろう」とか――そんな話ばかりです。すずめの戸締まりが必要なのです。

その戸締まりに必要なのは、実は自分の心に棲みつく「ミミズのお化け」をどう制御するかにかかっています。制御するには、前世に遡《さかのぼ》り、ミミズのお化けがなぜ誕生するかを調べ、問題を解決するしかありません。

何かの凶悪事件や大災害も、前世の因縁やその土地に関連する怨念を理解することによって、違う見方ができるようになるのです。

私たちは怨念を残したくもないし、怨念によって私たちの自由が拘束されるようなことも体験したくありません。怨念の存在は、根本から「やられたから、やり返した」というような「やった、やられた」の問題を消去しなければならないことを教えてくれるし、消去するにはそういう因縁、つまり原因を心のなかにつくらないことであることを教えてくれています。

大事件や大災害が発生したときは、まず自分自身の潜在意識や心の状態をチェックすることをお勧めします。何か怨念めいたものを外に発信していないか、自己分析するのです。怨讐《おんしゅう》があればそれを捨て去り、慢心や傲慢《ごうまん》さがあればそれを改めるわけです。

それを悟らせてくれるのが、前世で犯した過ちであったり、前世で学んだ経験であったりするのです。

すでにあなたは、これまでの転生の経験から為すべきことや進むべき方向を悟っているはずです。あとは行動に移せばいいだけです。そう、前世を知って不安を消して、今世で幸せになるという新しい生き方を創造することが、いま、あなたがしなければならない何よりも大事なことなのです。

「繰り返し、五感を通じて念じたイメージは、何度も具現化する」――このことを忘れないでください。

平田篤胤『仙境異聞・勝五郎再生記聞』岩波文庫、2000年
布施泰和『不思議な世界の歩き方』成甲書房、2005年
布施泰和『異次元ワールドとの遭遇』成甲書房、2010年
布施泰和『竹内文書の謎を解く②―古代日本の王たちの秘密』成甲書房、2011年
布施泰和・秋山眞人『巨石文明　超テクノロジーの謎』河出書房新社、2020年
ブライアン・L・ワイス、山川紘矢・亜希子訳『魂の伴侶』PHP研究所、1999年
ブライアン・L・ワイス、山川紘矢・亜希子訳『前世療法』PHP研究所、2000年
ブライアン・L・ワイス、山川紘矢・亜希子訳『「前世」からのメッセージ』PHP研究所、2004年
【ま行】
政木和三『精神文明と奇跡』日新社、1982年
政木和三『驚異の超科学が実証された』廣済堂、1993年
マリー・エレン・カーター、自然法研究会訳『エドガー・ケイシーの予言/アトランティスの教訓』たま出版、1986年
ミチオ・カク著、斉藤隆央訳『パラレルワールド』NHK出版、2006年
ミチオ・カク著、斉藤隆央訳『神の方程式』NHK出版、2022年
【ら行】
ルドルフ・シュタイナー、高橋巖訳『神智学』ちくま学芸文庫、2003年

イアン・スティーヴンソン、笠原敏雄訳『前世を記憶する子供たち』角川文庫、2021年
石山彰監修『切手にみる世界の民族衣装』文化出版局、1978年
稲垣伸一『スピリチュアル国家アメリカ』河出書房新社、2018年
インゴ・スワン、秋山眞人監訳『ノストラダムス・ファクター』三交社、1995
エーリッヒ・フォン・デニケン著、松谷健二訳『未来の記憶』角川書店、1997年
エドガー・ケイシー、林陽訳『エドガー・ケイシーの大アトランティス大陸』大陸書房、1987年
N・F・ジロフ、伊藤清久訳『アトランチス大陸研究』大陸書房、1972年
大門正幸『「生まれ変わり」を科学する』桜の花出版、2021年
大門正幸『「生まれ変わりはある」と言わざるをえない』インプレスR&D、2021年
太田亮『系図綱要』新人物往来社、1977年
【か行】
清川理一郎『キリストと黒いマリアの謎』彩流社、2000年
邦光史郎『干支から見た日本史』毎日新聞社、1996年
国学院大学日本文化研究所編『神道事典』弘文堂、2005年
近藤典彦『啄木　六の予言』ネスコ、1995年
【さ行】
シャーリー・マクレーン、山川紘矢・亜希子訳『オール・イン・ザ・プレイング』地湧社、1988年
シャーリー・マクレーン、山川紘矢・亜希子訳『ゴーイング・ウイズィン』地湧社、1990年
ジュリアン・シャムルワ『ワンネスの扉』ナチュラルスピリット、2019年
ジョン・A・キール著、巻正平訳『UFO超地球人説』早川書房、1976年
ジョン・ピーコック、池野晴美ら訳『西洋コスチューム大全』グラフィック社、1994年
ジン・ワン、廣瀬玲子訳『石の物語』法政大学出版局、2015年
スコット・マンデルカー著、南山宏監修、竹内慧訳『宇宙人の魂をもつ人々』徳間書店、1997年
【た行】
チャレット(F.X.)・渡辺学ら(翻訳)『ユングとスピリチュアリズム』第三文明社、1997年
ディーン・ラディン著、竹内薫監修、石川幹人訳『量子の宇宙でからみあう心たち』徳間書店、2007年
【な行】
日本ネクタイ組合連合会監修『日本ネクタイ史』日本衣料新聞社、1960年
【は行】
原田実『幻想の超古代史』批評社、1994年
ハワード・マーフェット、田中恵美子訳『近代オカルティズムの母 H・P・ブラヴァツキー夫人』竜王文庫、1983年

参考文献

【秋山眞人の本】

秋山眞人『私は宇宙人と出会った』ごま書房、1997年

秋山眞人『スピリチュアル前世リーディング』学習研究社、2004年

秋山眞人『日本編　死後世界地図』コスモトゥーワン、2006年

秋山眞人・布施泰和・竹内睦泰ほか『正統竹内文書の日本史「超」アンダーグラウンド①～③』ヒカルランド、2012年

秋山眞人・布施泰和『不思議だけど人生の役に立つ神霊界と異星人のスピリチュアルな真相』成甲書房、2013年

秋山眞人・布施泰和『Lシフト』ナチュラルスピリット、2018年

秋山眞人・布施泰和（聞き手）『秋山眞人のスペース・ピープル交信全記録』ナチュラルスピリット、2018年

秋山眞人・布施泰和（協力）『日本のオカルト150年史』河出書房新社、2020年

秋山眞人・布施泰和（協力）『しきたりに込められた日本人の呪力』河出書房新社、2020年

秋山眞人・布施泰和『世紀の啓示書『オアスペ』の謎を解く!』ナチュラルスピリット、2020年

秋山眞人・布施泰和（協力）『開運!　オカルト実用大全』河出書房新社、2021年

秋山眞人・布施泰和（協力）『日本の呪術大全』河出書房新社、2021年

秋山眞人・江原啓之・田口ランディ『精神世界3・0』河出書房新社、2021年

秋山眞人『強運招き寄せ手相占い』河出書房新社、2022年

秋山眞人・布施泰和（協力）『〈偶然〉の魔力　シンクロニシティで望みは叶う』河出書房新社、2022年

秋山眞人『山の神秘と日本人』さくら舎、2022年

秋山眞人・布施泰和（協力）『最古の文明シュメールの最終予言』河出書房新社、2022年

秋山眞人・西脇俊二『新時代を生き抜く!　波動を上げる生き方』徳間書店、2022年

秋山眞人・布施泰和（協力）『強運が来る兆しの法則』河出書房新社、2023年

秋山眞人・布施泰和（協力）『UFOと交信とすればすべてが覚醒する』河出書房新社、2023年

秋山眞人『宇宙意志が教える最強開運術』さくら舎、2023年

【あ行】

アポカリプス21研究会『前世よ、こんにちは。』青谷舎、1993年

アルフレット・ローゼンベルク、吹田順助ら訳『二十世紀の神話』中央公論社、1938年

アンドリア・H・プハーリック著、井上篤夫訳『超能力者ユリ・ゲラー』二見書房、1974年

秋山眞人（あきやま・まこと）

1960年生まれ。国際気能法研究所所長。大正大学大学院文学研究科宗教学博士課程前期修了。13歳のころから超能力少年としてマスコミに取り上げられる。ソニーや富士通、日産、ホンダなどで、能力開発や未来予測のプロジェクトに関わる。画家としても活動し、S・スピルバーグの財団主催で画展も行なっている。ジュエリーデザインやコンサルタント、映画評論も手がける。著書は、『UFOと交信すればすべてが覚醒する』『強運が来る 兆しの法則』『最古の文明 シュメールの最終予言』『《偶然》の魔力 シンクロニシティで望みは叶う』（小社刊）ほか、100冊を超える。
公式ホームページ　https://makiyama.jp/

布施泰和（ふせ・やすかず）

1958年生まれ。英国ケント大学留学を経て、国際基督教大学を卒業（仏文学専攻）。共同通信社経済部記者として旧大蔵省や首相官邸を担当した後、96年に退社して渡米、ハーバード大学ケネディ行政大学院ほかで修士号を取得。帰国後は国際政治や経済以外にも、精神世界や古代文明の調査、取材、執筆をおこなっている。単著に『卑弥呼は二人いた』（小社刊）ほか、秋山眞人氏との共著も多数ある。

前世は自分で診断できる

二〇二三年一〇月二〇日　初版印刷
二〇二三年一〇月三〇日　初版発行

著　者――秋山眞人
協　力――布施泰和
企画・編集――株式会社夢の設計社
東京都新宿区早稲田鶴巻町五四三　郵便番号一六二―〇〇四一
電話（〇三）三二六七―七八五一（編集）
発行者――小野寺優
発行所――株式会社河出書房新社
東京都渋谷区千駄ヶ谷二―三二―二　郵便番号一五一―〇〇五一
電話（〇三）三四〇四―一二〇一（営業）
https://www.kawade.co.jp/
DTP――株式会社翔美アート
印刷・製本――中央精版印刷株式会社
Printed in Japan ISBN978-4-309-29346-2